鉄道から見放された列車たち

クロ歴史？シロ歴史！

目次

富士

運転開始：1929(昭和4)年9月15日

日本随一の列車であるはずながら、
後年には愛称名が使い回され、
特急列車の晩年の時代には、
すっかり影の薄い存在となった。

**なぜ日本一の人気を誇る愛称の列車は、
曖昧なイメージの列車ばかりに採用されるのか？**

国内随一の存在と目された戦前の特急「富士」

国鉄（日本国有鉄道＝現在のＪＲの前身）で初めて、特急列車に愛称名がつけられたのは１９２９（昭和４）年9月15日のことで、この日から東京〜下関間運転の1・2列車が「富士」、３・４列車が「櫻」という愛称名を名乗って運転された。

この愛称名は公募によったもので、「富士」は得票数1位の１００７票を、「櫻」は得票数3位の８３４票を獲得しており、命名は公募の結果に沿った妥当なものとなった。また、得票第2位は８８２票の「燕」が入っていたが、この名は翌年から運転が開始される予定の新しい特急列車用として温存されることになった。

富士山と桜の木は、どちらも日本のシンボル的存在として親しまれてきたもので、この名が多く投票されたことに、当時の特急列車の位置づけと、利用客の期待が窺える。この時の1・2列車は、1等車を主体に編成された列車で、1等車の車体側面には白帯が巻かれ、一方3・4列車は3等車を主体に編成され、3等車の車体側面には赤帯が巻かれていたことから、それぞれの列車の帯の色が、富士に積もる雪と、桜の花に見立てられたともいわれている。

特急列車での愛称名の採用は、利用客の便宜を図ったもので、単に列車番号だけでは、一般の利用者には列車の指定が困難な作業となっていたことから、列車に名前をつけることで、これを簡便なものとした。このような方策は、もちろん、日本だけでなく、全世界の鉄道で採用されており、乗客に列車に乗ることの喜びも与えているように見受けられる。

この当時の特急「富士」の運転区間は東京~下関間で、当時の下関は日本の西のターミナルとして機能し、大陸へ渡る船も入港した。1911（明治44）年3月1日にはシベリア鉄道を経由して、日本とモスクワ、ワルシャワなどヨーロッパの5都市を結ぶ「欧亜連絡」運輸が開始されていて、東京と下関を結ぶ特急は、その一翼を担うものと位置づけられた。特に「富士」は、最上級の列車であったことから外国人の利用もあったといい、語学に堪能な車掌が乗務したという。もっとも、この時代の会話力とは、「あの山の名前は何というのか?」という英語での質問に対して、乗務員が雁首揃えて相談をし、答えを伝えにいった頃には山は彼方に去っていたという程度であったという。戦前の話である。語学に堪能といっても、これが本当のところだろう。

「富士」の車両には、マロネ37形などスハ32系に分類される鋼製客車が使用され、編成の最後尾には「桃山式」とも呼ばれた贅を凝らした内装の展望車が連結された。この展望車はフリースペースという建前だったが、実際には1等車利用の高級軍人、豪商、政治家などでなければ立ち入れない雰囲気があったといい、すなわちこれが戦前の特急列車の姿であった。

戦前に国鉄が運転した特急列車は5往復のみであったが、それも1944（昭和19）年4月1日には、すべて運転が休止されてしまう。太平洋戦争の深刻化に伴う措置であった。

四国連絡の電車特急が「富士」を名乗った時代

戦争で途絶えた国鉄の特急運転が再開されたのは1949（昭和24）年9月15日のことで、東京～大阪間運転の特急「へいわ」が、その最初のものとなった。以後、特急列車は徐々に運転本数を増やしてゆくが、「富士」を名乗る特急列車の再登場は意外と遅く、1961（昭和36）年10月1日ダイヤ改正のこととなる。

よく知られているように、「さん・ろく・とお」の呼び名も生まれたこのダイヤ改正は、国鉄が全国に特急列車の運転網を築く第一歩となったもので、戦前は日本随一の列車に位置づけられていた「富士」が、この時代まで登場しなかったことを、遅すぎたと評する向きもある。しかも、この時の「富士」は、使用車両こそ1958（昭和33）年11月1日に特急「こだま」として運転を開始して大いに注目された151系が充当されていたものの、運転区間は東京〜神戸・宇野で、2往復設定されたうちの1往復は宇野発着として四国連絡の役割を担った。それはもちろん、電車特急の軽快さを評価しての起用であったわけだが、「富士」を名乗る列車には不似合いな役回りとも見受けられ、いささかの不憫さも感じられるものとなったのである。そして、電車特急「富士」の運転期間は短いもので終わってしまった。1964（昭和39）年10月1日に東海道新幹線が開業したことから、東海道本線を走る昼行特急は全廃となったのである。そして「富士」の愛称名は、東京発着の九州行き夜行特急に用いられることになる。

日本最長特急を名乗るも

東海道新幹線が開業したその日から、「富士」は東京〜大分間運転の寝台特急に変身した。いわゆる「ブルートレイン」の仲間入りである。もっとも、東海道本線昼行特急としての「富士」は、「こだま」「つばめ」に続くものであり、東京〜九州間運転の寝台特急としても、「あさかぜ」「さくら」の後塵を拝する形での登場で、この名前が戦前を代表する特急に用いられていたことを思えば、戦後の「富士」は、どうにも巡り合わせが悪く、数合わせに起用されたような感さえある。

そんな「富士」も1965（昭和40）年10月1日からは、運転区間が西鹿児島まで延長されて、これで「富士」は日本一長い距離を走る列車となり、どうにか名前を取り戻した感もある。この時の所要

●1929（昭和4）年12月1日、特急「富士」の命名時の編成

	1	2	3	4	5	6	7	8	9
スニ 36650	マロネ 37350	マロネ 37350	マロネ 37350	スシ 37740	スロ 37350	スロ 37350	マイネ 37130	マイネフ 37230	スイテ 37000

●1961（昭和36）年10月1日、電車特急「富士」登場時の編成

1	2	3	4	5	6	7	8	9	10	11
クロ 151	モロ 151	モロ 150	サロ 151	サシ 151	モハシ 151	モハ 151	サハ 150	モハ 150	モハ 151	クハ 151

●1965年（昭和40）年10月1日、西鹿児島直通時の特急「富士」の編成

	1	2	3	4	5	6	7	8	9	10	11	12	13	14
カニ 21	ナロネ 21	ナハネ 20	ナハネ 20	ナハネ 20	ナハネ 20	ナシ 20	ナハネフ 23	ナロネ 21	ナハネ 20	ナハネ 20	ナハネ 20	ナハネ 20	ナハネ 20	ナハネフ 22

*8〜14号車は東京〜下関間で連結。

●2005年（平成17）年3月1日、特急「はやぶさ」と併結運転を開始したときの特急「富士」の編成

1	2	3	4	5	6
スハネフ 14	オロネ 15−3000	オハネ 15−2000	オハネ 15	オハネ 15	スハネフ 15

*特急「はやぶさ」（7〜12号車）と東京〜門司間で併結。

時間は片道がおおむね24時間30分といったところで、上下列車は、それぞれ2回「富士」とすれ違う。もっとも、東京から九州南部までこの列車を乗り通す乗客は少なく、殊に時代が昭和50年代ともなれば、東京〜南九州間の移動は飛行機利用が当たり前となり、東京から「富士」で宮崎、鹿児島に来たといえば、それだけで事情を聞かれるようにもなっていたのである。そして昭和末期の全国的な寝台列車の退潮に、「富士」も抗うことはできず、２００９（平成21）年3月13日をもって、「富士」は廃止された。

現代は、「さくら」「みずほ」「はやぶさ」などが、新幹線の列車名として復活している。それからするならば、日本を代表する列車に用いられてきた「富士」の名も、復活を期待したいところである。しかし、「富士」を名乗る以上は、車窓から富士山の姿が見えなければ話にならない。となると、この列車が走るのは東海道本線か、せめて東海道新幹線ということになるのだが、それぞれの路線の現状を考えるのであれば、特急「富士」が復活するのは、まだ当分先のこととなりそうな気配だ。できるならもう一度、「富士」の晴れ姿を見てみたい。

さくら

運転開始：1929（昭和4）年9月15日

特急「富士」と同時に登場した、
わが国最古の愛称名付き列車。
長く東京～長崎間運転のブルートレイン
として親しまれたが、
晩年はやや影の薄い存在となっていた。

??

**なぜ栄光の1列車と呼ばれる列車は、
最初に東京を出る列車にまで落ちぶれたのか？**

「富士」と同時に運転が開始された庶民向けの特急

「さくら」は、「富士」と並ぶ、わが国最古の愛称名付き特急である。「富士」の項でも触れたように愛称名は公募され、得票総数834票で3位となった。この時の愛称名は、漢字で表記する「櫻」であったが、戦後に特急として復活した際の表記はひらがなを用いた「さくら」となっている。この「さくら」は、「櫻」をルーツとする列車とみなして良いだろう。

運転が開始されたのは「富士」と同じ1929（昭和4）年9月15日で、特急列車への愛称名の採用は、利便性を高めるための措置であると同時に、需要喚起策の一つでもあった。昭和初期の日本は深刻な不況に悩まされ、交通機関の需要も低迷していたのである。この不況は大正時代から長く続いていたもので、1918（大正7）年11月の第一次世界大戦の終結による好況の終わりや、1923（大正12）年9月の関東大震災の発生も一因とされている。さらに翌1930（昭和5）年には、これに追い打ちをかけるようにして、昭和恐慌が発生している。長く続く景気の低迷や、たび重なるアクシデント発生による追い打ちを、現代の日本に酷似したものとする指摘もある。

ともあれ、そのような中で、特急「櫻」と「富士」は、運転を開始した。当初、この2列車には明確な格差があり、「富士」が1等車と2等車のみで組成されていたのに対し、「櫻」は食堂車と荷物車以外はすべて3等車で組成され、編成の最後尾に展望車が連結されることもなかった。いわば「櫻」は庶民向けの列車ということになるのだが、それでもこの時代の鉄道旅行で特急を利用できるのは限られた人のみであり、多くの市民は急行を使用して長距離を移動した。

運転開始当初は、特急「富士」と「櫻」は続行運転、すなわち2列車が続く形で運転されており、この2列車をセットと考える扱いであったことが理解できる。2本の列車の間にほかの列車を挟まずに運転するこの方法は、乗務員や駅係員などの現場の人間にとっては、扱いが楽であったに違いない。

関門トンネルが開通した後の1942(昭和17)年11月からは、特急「櫻」は、運転区間こそ鹿児島まで延長されるものの、愛称名のない急行に格下げされている。戦争がなかったなら、このような措置が採られることはなかっただろうが。

「あさかぜ」に次いで20系が充当された「さくら」

戦時中は運転が休止されていた特急の運転は、1949（昭和24）年9月15日に「へいわ」によって再開され、以後、順調に増え続けた特急列車を救済すべく、1951（昭和26）年4月からは東京～大阪間に臨時「さくら」が運転されている。これは「さくら」としては久々の復活ということになるが、編成は食堂車こそ連結されていたとはいえ、使用車両はスハ43系とオハ35系を用いたモノクラスによる8両編成で、来賓、著名人が乗車する際には展望車が連結されることもあったといい、救済列車としての色合いの濃い列車となった。臨時「さくら」の運転は、1958（昭和33）年10月のダイヤ改正まで続けられている。

「さくら」の本格的な復活がなされたのは、1959（昭和34）年7月20日のことであった。この日から東京～長崎間運転の寝台特急に20系客車が充当され、これに合わせて列車名が、それまでの「平和」から改められたのだった。そして、20系を使用して運転された時代こそ、「さくら」にとっての全盛の時代となったといえるだろう。

20系「さくら」の編成は12両。このうちの1～6号車は東京～長崎間を走り、7～12号車は博多で分割・併合が行われる、俗に「博多回転」と呼ばれる運転方法が採られた。東京の発車は「あさかぜ」よりも早く、その後に「九州ブルートレイン」が増発された後も、このスタイルは変わることがなく、「さくら」は九州ブルートレインの先陣を切って出発することから1列車という列車番号が与えられた。今日でこそ博多行きでなく、長崎行きの列車に「1」という列車番号が与えられていたことには違和感も感じられるが、1942（昭和17）年11月に関門トンネルが開通した後に、1列車「富士」が向かったのは長崎であった。これも現在の感覚からすればにわかには理解しにくいこととなるが、昭和初期の九州最大の都市は長崎市であり、それは江戸時代から続いた日本の玄関としての役割と、造船の町、軍港として栄えた佐世保市の存在もあった。いわば、1列車が長崎へ向かうのは当然のことで、20系「さくら」に1列車という列車番号が与えられたことも、この延長上にあるものと理解したい。後年には、東京駅を最初に発車する九州行特急であることから1列車となっていた感の強かった「さくら」だが、運転開始当初の位置づけは、それよりも遥かに高いものだったのである。

寝台列車の晩年は淋しい姿に

１９６５（昭和40）年10月のダイヤ改正では、それまで「博多回転」で運転されていた編成の運転区間が佐世保へと延長され、２つの編成の分割・併合が肥前山口で行われるようになった。20系客車は発電機を搭載していないことから、新たに簡易電源車マヤ20形が用意され、肥前山口～佐世保間で連結された。「さくら」の佐世保編成は、早岐～佐世保間8・9キロをC11形、または８６２０形が牽引し、時代の先端である20系客車を蒸気機関車が引くというどこかユーモラスな姿が、しばし雑誌に採り上げられたのがこの時代だった。

「さくら」に使用される車両は、１９７２（昭和47）年３月には14系へと改められている。九州ブルートレインの中でのいち早い14系化は、この分割・併合があったことが理由で、発電機を搭載したことで電源車を不要とする14系の真価が発揮された形となったが、皮肉なことに、この時代から客離れによる寝台列車の退潮傾向が非常に明確なものとなり、「さくら」には４人用個室「カルテット」の連結などによる需要喚起が行われたが、大勢を覆すには至らなかった。

１９９４（平成６）年12月には１列車の列車番号を「富士」に譲り、「カルテット」と食堂車も用途廃止となって、２００５（平成17）年３月１日に「さくら」は廃止となったのである。

その後、「さくら」は２０１２（平成24）年３月12日から、九州新幹線の列車として運転が続けられている。九州にゆかりの深い列車であるだけに、この起用は的外れなものではないのだが、１９２９（昭和４）年登場の列車名である。もう少し長い距離をゆっくりと走る列車にこの名を使って欲しい気がしないでもない。

●1930（昭和5）年10月1日、特急「櫻」の命名時の編成

	1	2	3	4	5	6	7	8
カニ 39500	スハ 33900	スハ 33900	スハ 33900	スシ 37740	スハ 33900	スハフ 35250	スハ 33900	スハフ 35250

●1959年（昭和34）年7月20日、特急「さくら」20系化時の編成

	1	2	3	4	5	6	7	8	9	10	11	12
カニ 21	ナロネ 22	ナロ 20	ナシ 20	ナハネ 20	ナハネ 20	ナハフ 20	ナハネ 20	ナハネ 20	ナハネ 20	ナハネ 20	ナハネ 20	ナハフ 20

*7〜12号車は東京〜博多間で連結。

●1972年（昭和47）年3月15日、特急「さくら」14系化時の編成

1	2	3	4	5	6	7	8	9	10	11	12	13	14
スハネフ 14	オロネ 14	オハネ 14	オハネ 14	オシ 14	オハネ 14	オハネ 14	スハネフ 14	スハネフ 14	オハネ 14	オハネ 14	オハネ 14	オハネ 14	スハネフ 14

*1〜8号車は東京〜長崎間で運転、9〜14号車は東京〜佐世保間で運転。

●2011年（平成23）年3月12日、新幹線「さくら」登場時の編成

1	2	3	4	5	6	7	8
781-7000	788-7000	786-7000	787-7000	787-7500	766-7000	788-7700	782-7000

つばめ

運転開始：1930(昭和5)年10月1日

昭和初期に「超特急」として登場。
戦後もさまざまな形で運転され、
「つばめ」は国鉄のシンボルとされるが、
近年は他の特急列車と同等の扱いに甘んじている。

なぜ走行中の給水や乗務員交替など、
無茶な運転をしてまでスピードに命を賭けたのか？

東京〜大阪間を8時間20分で結んだ昭和初期の「超特急」

数ある国鉄の特急列車の中でも、ひたすら高速での運転を目指したことで名を馳せたのが「つばめ」だ。運転が開始されたのは1930（昭和5）年10月1日。当初の列車名は「燕」で、これは前年に国鉄初の愛称名付き特急が運転される際に実施された愛称名の公募で、第2位の得票数となる882票を獲得しているが、この愛称名が翌年に運転が開始される新しい特急列車のために温存されたといい、この時点で日本で3番目の愛称名付き特急は、高速運転を志向することが明確になっていたと思われる。

「燕」誕生の経緯は、昭和初期から中期にかけて活躍した新聞記者、青木槐三が幾度か記している。昭和の初め、鉄道省に出入りしていた青木は、新任の運転課長だった結城弘毅を訪ね、「人々を驚かせる新しい列車を運転する計画はないか」と尋ねる。それに対し結城が答えたことが「東京〜大阪間8時間運転」だった。その当時、東京〜大阪間には10時間以上を要していたからこの計画は突飛なもののように思われたが、従来の設備を大幅に改良せずとも、工夫を積み重ねることで、この高速運転が可能であると答えた。その工夫とは、すでに電化されていた東京～国府津間もあえて蒸気機関車牽引とすることで、機関車付け替えの時間を省き、停車駅は可能な限り少なくし、蒸気機関車に必要とされる給水は、線路の脇に水を貯める溝を作って、走行中にそこから水をすくう。箱根越えでは走行中の車両に機関車を追い付かせて連結させ、登り勾配の補機とするといった破天荒なもので、実際に機関士の訓練も行われた。

結局、走行中の給水や、補助機関車の走行中の連結は安全性に配慮して見送られたが、訓練を重ねていた機関士が「やらせて下さい」と頼み込んだという逸話も残されており、多くの人が「その気」になっていたことが解る。画期的な運転を計画する課長も、それを受け入れる機関士も、課長を煽ってみせる新聞記者も、誰もが侍だったのである。

命がかかるほどの危険をおかしてまで、たかが数分の所要時間短縮に人を駆り立てた理由は何だったのだろう？　その理由はさまざまなのだろうが、この時代の鉄道が、そんな賭けをしてみたくなる、魅力に溢れたツールであったことは間違いなさそうだ。

当初は「超特急」とも形容された「燕」は、東京と大阪を8時間20分で結んだ。その所要時間は、従来の特急を2時間20分短縮するものであった。超特急「燕」と、並行して走る電車とのスピード比べが報じられたのがこの時代で、山崎付近で並行する新京阪鉄道のデイ100形電車が、超特急「燕」を追い抜き、「超特急よりも速い」とPRされたこともあった。しかし、軽量車体の電車と、蒸気機関車牽引の客車列車の速度が違うことは当然で、運転全区間の平均速度では、やはり「燕」の方が速いという研究もある。

東海道本線の花形列車となった時代

戦後になって、特急「つばめ」が復活したのは、1950(昭和25)年1月のことで、ただしこの列車は前年の9月から運転を開始した特急「へいわ」を改称したものであった。この時から列車名は「櫻」→「さくら」と同様に、ひらがなでの表記に改められている。

そして、同年の5月には、「つばめ」と同じ東京~大阪間を走る特急として「はと」も運転を開始し、東海道本線を走る昼行特急は2往復の体制となった。両列車には「つばめガール」「はとガール」と呼ばれる女性アテンダントも乗車し、接客サービスの向上が図られている。

この時代こそは「つばめ」と「はと」の黄金期であった。両特急に使用される車両は今日の目からみれば純然たる旧型の車両で、空調装置も設置されていない。東京〜大阪間の所要時間も、８時間超を要している。しかし、列車の最後尾には展望車が連結され、それは利用客の憧れの的となった。つまり、この時代の最高水準を備えた列車として運転されていたのが、「つばめ」「はと」だったのである。

１９５６（昭和31）年11月19日には東海道本線の全線電化が完成し、この日から「つばめ」、「はと」用の機関車と客車は明るい緑色の塗装に改められ、これにはすぐに「青大将」という呼び名がファンから贈られた。蛇を思わせるこのニックネームを、当時の国鉄技師長・島秀雄は「大将ならいいじゃないか」と笑っていたという。

機関車に引かれて九州を走った151系「つばめ」

そんな「東海道を走る昼行客車特急」という列車になった「つばめ」も、やがてその座を追われる時代が来る。１９５８（昭和33）年11月１日に電車特急「こだま」が運転を開始すると、客車特急「つばめ」「はと」は時代遅れの存在となり、利用客が激減したのである。

これを受けて、東海道本線の特急の増発は電車を用いて行われることになり、「つばめ」は1960(昭和35)年6月から151系電車を使用して運転されることになり、この編成の下り寄り先頭には、「パーラーカー」の愛称名がつけられたクロ151形が連結され、客車列車時代の展望車に代わる存在となった。

●1950(昭和25)年1月1日、特急「つばめ」の編成

1	2	3	4	5	6	7	8	9	10
スハニ 32	スハ 42	スハ 42	オロ 40	オロ 40	スシ 47	オロ 40	オロ 40	オロ 40	マイテ 39

●1961(昭和36)年10月1日、電車特急「はと」登場時の編成

1	2	3	4	5	6	7	8	9	10	11
クロ 151	モロ 151	モロ 150	サロ 151	サシ 151	モハシ 150	モハ 151	サハ 151	モハ 150	モハ 151	クハ 151

●1965(昭和40)年10月1日、特急「つばめ」の編成

1	2	3	4	5	6	7	8	9	10	11
クハ 481	モハ 480	モハ 481	サロ 481	サロ 481	サシ 481	モハ 480	モハ 481	モハ 480	モハ 481	クハ 481

●1968(昭和43)年10月1日、特急「つばめ」の編成

1	2	3	4	5	6	7	8	9	10	11	12
クハネ 581	サハネ 581	サロ 581	モハネ 580	モハネ 581	サシ 581	モハネ 580	モハネ 581	サハネ 581	モハネ 580	モハネ 581	クハネ 581

●1992(平成4)年7月7日、特急「つばめ」の編成

1	2	3	4	5	6	7	8	9
クモロ 787	モハ 786	サハシ 787	モハ 787	モハ 786	サハ 787	サハ 787	モハ 787	クモハ 787

●2004(平成16)年3月13日、新幹線「つばめ」登場時の編成

1	2	3	4	5	6
821	826	827	827-100	826-100	822-100

１９６４（昭和39）年10月1日に東海道新幹線が開業すると、東海道本線を走り通す昼行列車は不要となり、「つばめ」は東のターミナルを新大阪に改め、山陽本線を走って新大阪と博多を結ぶ列車となった。九州島内は交流電化されていることから、１５１系はパンタフラフを下ろし、ＥＦ30形とＥＤ73形が牽引役を務め、車内用の電力は電源車サヤ４２０形を連結して、これを確保するという運転方法が採られた。この興味深い運転方式は、翌年10月に使用車両が交直両用の４８１系に改められたことからわずか1年で終了してしまうが、「つばめ」の歴史に彩をそえる楽しいエピソードとなっている。

東海道・山陽本線を走る「つばめ」は、その後の新幹線の延伸に伴って随時運転区間、使用車両が変更され、１９７５（昭和50）年3月15日の山陽新幹線博多延伸によって廃止となった。それは在来線を走る特急の役割が、新幹線を補完する役割となることへの、明確な分岐点となったのである。

ＪＲ九州に特急「つばめ」が登場したのは１９９２（平成4）年7月のこと。そして、ＪＲ九州の「つばめ」は、２００４（平成16）年3月からは、九州新幹線の列車に用いられている。

かもめ

運転開始：1937(昭和12)年7月1日特急

1937(昭和 12)年 7 月に運転が開始された古参の列車。
当初は東海道・山陽本線の特急であったが、
その後は各方面で運転される列車の名となり、
列車としての歴史が語りづらい存在となった。

??

伝統的な愛称で知名度もあるのに、
なぜ便利に使われる愛称になってしまったのか？

戦前に運転を開始した数少ない特急列車

「かもめ」を名乗る列車が初めて登場したのは１９３７(昭和12)年７月のことで、東京と神戸を結ぶ特急として運転を開始した。戦前のことゆえ、この当時の列車名は、正確には「鷗」である。この愛称名は、１９２９(昭和４)年の愛称名公募の際に得票数８位となっており、その結果を踏まえつつ、この列車が「燕」と対をなす存在であることをアピールする目的があってのネーミングであったように感じられる。

戦前のこの時代の日本は、政情も小康状態にあって、市民は豊かとはいいきれないまでも、安定した暮らしを送っていた。鉄道の輸送需要も緩やかながら右肩上がりを続けていて、特急列車の利用客も増え続けていた。国鉄の特急は、まず登場した「富士」、「櫻」に続き、その翌年に「燕」が登場。混雑するこの列車を救済する臨時「燕」が登場した後に、運転が開始されたのが「鷗」だった。

一般に、人気列車を補完する目的で増発される列車は、「本家」よりも見劣りがする姿で登場することが多いが、「鷗」でも登場時には展望車の連結がなく、展望車が連結されるのは1940(昭和15)年まで待たなければならなかった。そのような経緯からも、「鷗」は、他の定期特急からはやや格落ちの感が否めなかった。

登場時に展望車の連結がなかった「鷗」にも、1940(昭和15)年4月になってようやく展望車が連結され、これで「鷗」が他の特急と肩を並べたかに見えたものの、それもつかの間、1943(昭和18)年2月15日に「鷗」の運転はいったん中止される。これはもちろん、戦局の悪化によるもので、戦後になっての「かもめ」の復活は、1953(昭和28)年3月15日まで待たされることになる。

京都発着の特急に変身した「かもめ」

終戦後に運転を再開した「かもめ」は、愛称名を漢字からひらがなに改め、運転区間も京都〜博多間へと変更された。それまで、東海道本線、山陽本線を走る特急は、どれも東京駅始発とされており、どの列車もが関西圏において利用しやすい時間にやって来るというわけではなかった。そこで新しい特急は、関西圏を主体に考えた列車にすることとなり、京都〜博多間を走る「かもめ」が生まれたのである。

この時の「かもめ」の運転ダイヤは、下り列車が京都8時30分発、博多着19時10分、上り列車が博多発10時00分、京都着20時40分というもので、関西圏と北九州を結ぶ列車として使いやすい設定となっている。この時間設定は、「かもめ」が京都と博多を結ぶ列車であった時代は、ほぼ変わることがなかった。

京都〜博多間に登場した「かもめ」は、スハ44系を主体に組成された9両編成であったが、時代が昭和30年代に入ると、編成中に10系客車が組み込まれるようになる。10系客車は1955（昭和30）年から製作が開始されたグループで、国鉄技術陣がヨーロッパに技術研修に出かけた折に出会ったスイスの客車を参考にして開発され、従来の客車よりも大幅な軽量化を達成。軽量客車とも呼ばれる存在となっている。スタイリングも、それまでの国鉄客車の武骨なスタイルから飛躍し、ヨーロピアンテイストが香る近代的なものとなった。そして、車両の軽量化が推進された車体は、以後の標準的なスタイルとなってゆく。

「かもめ」の使用車両は、1961（昭和36）年10月1日の、「さん・ろく・とお」ダイヤ改正から、キハ82系へと改められた。このダイヤ改正は、全国に特急の運転網が形成されたダイヤ改正として知られるが、全国に特急列車を走らせる立役者となったのが、このキハ82系だった。

キハ82系は俗に「ハ・ハ・ハ・シ・ロ・ハ」と呼ばれる2等車4両、1等車と食堂車1両からなる6両編成を基本とするが、気動車特急となった「かもめ」は、これを2編成併結した12両編成で京都を発車。途中の小倉で分割・併合を行い、1編成が長崎に、1編成が宮崎に向かうという運転が行われた。キハ82系12両編成による特急は、同じ「さん・ろく・とお」で登場した「白鳥」が名高いが、同じ運転のスタイルが「かもめ」でも行われていたのである。キハ82系「かもめ」は、山陽新幹線が岡山まで開業した後も京都発着のまま残され、全席が指定席として運転された。まさに誇り高き気動車特急というところだろうか。キハ82系「かもめ」が姿を消したのは、山陽新幹線が博多まで延伸された1975（昭和50）年3月ダイヤ改正においてである。

九州の地で復活した「かもめ」

このような経緯で運転が続けられた「かもめ」は、例えば東北地方を走った「はつかり」のような、地域性を感じさせる列車とはならなかったが、そのルーツを戦前に置く伝統を誇る特急であることは間違いなかった。京都発着の時代の姿も、高速運転とは無縁の存在ではあったものの、キハ82系12両編成という姿は、いま思いを馳せてみても魅力が感じられる。

しかし、その後の「かもめ」は、現代風の車両を使用した特急として運転されながらも、ともすると便利使いという言葉を思い起させる運用に終始してしまっているように見受けられる。

「かもめ」が2度目の復活を果たしたのは、1976（昭和51）年7月1日のことで、与えられた新たな役割は、博多で新幹線と接続し、西九州へ向かうフィーダー特急というものだった。使用車両は485系。編成は特急「みどり」を併結した12両編成で、肥前山口で分割・併合を行い、「かもめ」8両は長崎へ、「みどり」4両は佐世保に向かった。どちらの編成にもグリーン車1両が連結されているが、もちろん、食堂車などのスペシャリティの組み込みのないビジネスライクなイメージの編成だった。

時代が平成に入ると、「かもめ」の一部の列車にJR九州オリジナルの783系が充当されるようになり、1992（平成4）年からは特急「ハウステンボス」との併結運転も行われるようになった。ハウステンボスは長崎県佐世保市にオープンしたテーマパークで、この施設へのアクセス列車という位置づけで、同名の特急の運転が開始され、「かもめ」「みどり」との併結運転が始められたのである。

　鮮やかな赤に塗装されたJR九州485系を使用して運転される「かもめ」「みどり」「ハウステンボス」の姿は、重厚さとは無縁の存在に思われたが、その姿に時代が反映されていたようでもあった。

●1953（昭和28）年3月15日、特急「かもめ」登場時の編成

1	2	3	4	5	6	7	8	9
スハニ 35	スハ 44	スハ 44	スロ 54	スロ 54	スシ 48	スロ 54	スロ 54	スハフ 43

●1961（昭和36）年10月1日、特急「かもめ」気動車化時の編成

1	2	3	4	5	6	7	8	9	10	11	12
キハ 82	キロ 80	キシ 80	キハ 80	キハ 80	キハ 82	キハ 82	キロ 80	キシ 80	キハ 80	キハ 80	キハ 82

*1～6号車は京都～長崎間で運転。7～12号車は京都～宮崎間で運転。

●1976（昭和51）年7月1日、特急「かもめ」の編成

1	2	3	4	5	6	7	8	9	10	11	12
クハ481 -200	モハ484 -200	モハ 485	サロ 481	サハ 481	モハ484 -200	モハ 485	クハ481 -200	クハ481 -200	モハ484 -200	モハ 485	クハ481 -200

*9～12号車は特急「みどり」で、博多～肥前山口間で連結。

●2022（令和4）年9月23日、新幹線「かもめ」登場時の編成

1	2	3	4	5	6
721 -8000	727 -8000	725 -8000	725 -8100	727 -8100	722 -8100

はやぶさ

運転開始：1942(昭和17)年11月15日

戦時中に運転が始められた古参列車。
長くブルートレインとして運転され、
一時期は日本の最長距離を走る列車であった時代もあった。
その後、新幹線の列車名となった。

なぜ客車にパンタを載せるような、自由度を奪う発想が生まれたのか？

戦時中に運転を開始した鹿児島行き急行

「はやぶさ」という名前を聞いて、まず思い出す列車は何だろう?若いファンであれば、当然東北・北海道新幹線を思うだろうし、ベテランの鉄道ファンであれば、東京対九州のブルートレインということになるはずだ。しかし、後の「はやぶさ」となる列車が運転を開始したのは、戦時中の1942(昭和17)年11月のことであった。同月15日に関門トンネルが開通。これに伴って急行7・8列車を東京〜鹿児島間に設定。これが後の「はやぶさ」のルーツとされる。

この時代の日本の社会は、何もかもが戦争優先の体制となっていた。大プロジェクトであった関門トンネルの掘削工事が続けられたのも、このトンネルの開通が戦時輸送に貢献するという判断によるものであった。

一方、特急列車の運転は不要不急と判断されて、中止されていった。7・8列車も、元を辿れば、特急「櫻」を急行に格下げしたもので、鹿児島を西のターミナルとしたことで、後の「はやぶさ」へと続く存在となったのである。しかし、この急行も、1945(昭和20)年3月20日には運転が中止となっている。

「あさかぜ」用車両を譲り受けて九州特急に復活

終戦後に「はやぶさ」が復活するのは、1958（昭和33）年10月1日のことである。この日から「はやぶさ」は特急としての運転を開始した。運転区間は鹿児島本線経由東京～鹿児島間。その後長く「はやぶさ」の運転区間として知られる道のりである。ただし、この時点での使用車両は「ブルートレイン」として名を馳せた20系客車ではなく、10系客車を主体とした編成で、A寝台車にはマロネ40形を使用し、2等車、B寝台は10系客車を使用。さらにオハニ36形も編成中の1号車として連結されており、つまりはこのダイヤ改正で20系客車化された特急「あさかぜ」の「お下がり」を利用する形で組成された列車であった。また、編成についても、同時期に運転されていた特急「さちかぜ」と同一のものとして、運用の効率化が図られている。

そのように、九州特急として運転が開始された時点での「はやぶさ」は、すべての面で「あさかぜ」からは見劣りする列車となっており、恐らくは「あさかぜ」の指定券を入手できなかった人がやむを得ず「はやぶさ」を利用する救済列車の色の濃い列車であったろうことが想像できる。この時代の国鉄にはそれだけの輸送需要があったということになる。昭和30年代初頭の、日本の高度成長が始まる時代の鉄道の姿ということだろうか。

1960(昭和35)年7月20日。「はやぶさ」は、待望の20系化が果たされる。この時点ではまだ座席車が連結された編成であったが、これによって居住性は格段に向上し、特急を名乗るにふさわしい風格を得たのである。そして、この時から「はやぶさ」の西のターミナルは西鹿児島駅へと改められた。

もっとも、20系特急とはいっても、まだこの時点では、姫路〜下関間の牽引はC62形が、門司〜西鹿児島間ではC61形が牽引を務めている。日本を代表する幹線を走る特急が、蒸気機関車によって引かれていたのがこの時代で、ひとたび大都会を離れれば、そこかしこに昔ながらののどかな風景が残っていたのである。

蒸気機関車が牽引する区間では、20系の食堂車でも、「客席に運ぶ料理が、なんとはなしに黒っぽく見える気がした」という乗務員の証言も残っており、その真偽のほどはわからないものの、密閉構造となっていた20系客車の車内にも、どこからか蒸気機関車の煙が、少しだけ入り込んでいたのかもしれない。

蒸気機関車が鉄道の主役だった時代には、全国の主要駅には、必ず改札内のどこかに洗面台があった。これは蒸気機関車の煙で顔が黒くなった乗客が、洗顔をするための施設で、そのような場所で、乗客同士、あるいは乗客と乗務員が苦楽を共にしながら、長い時間をかけて移動を続けるのが、古き良き時代の鉄道旅行だったのである。

目論見どおりにはいかなかった電源車の新意匠

「はやぶさ」が20系化された時期に、新たに開発された20系客車の新形式にカニ22形があった。20系客車は車内で使用する電力を、編成の端に連結した電源車から供給する。このスタイルの採用によって編成の固定が可能になり、従来の車軸発電機によるものよりも遥かに大きな電力が確保されたことによって、照明、空調などの近代化が実現したが、電源車には重量の大きなディーゼル発電機が搭載されており、そのための燃料もそれなりの重量となってしまう。これはいかにも効率が悪いと目されたことから、新しく開発された電源車がカニ22形だった。

カニ22形は、自らも電車と同じようにパンタグラフを搭載し、電化区間ではここから集電して、ディーゼル発電機の負担を軽減させ、非電化区間などでは従来方式のディーゼル発電機によって電力を賄うという考え方から開発されたものであった。当然、燃料の搭載量も減り、経済性が高められる。

しかし、結局はカニ22形のコンセプトは失敗に終わり、カニ22形は、「はやぶさ」と「さくら」でわずかな期間使用されただけに終わってしまった。当初の計画よりも車重がかさんでしまったことから、入線可能な線区が限られてしまうなど、経済性を求めるに至らない本末転倒な車両となってしまったのである。

時代が昭和50年代になると、寝台列車

●1958（昭和33）年10月1日、特急「はやぶさ」登場時の編成

1	2	3	4	5	6	7	8	9	10	11	12	13
オハニ36	マロネ40	マロネ40	スロ54	オシ17	ナハネ11	ナハネ11	ナハネ11	ナハネ11	ナハネ11	ナハネ11	ナハネ11	ナハネ11

●1976年（昭和51）年10月1日、特急「はやぶさ」2段寝台化時の編成

	1	2	3	4	5	6	7	8	9	10	11	12	13
カニ24	オロネ25	オハネ25	オハネ25	オハネ25	オシ24	オハネフ25	オハネフ25	オハネ25	オハネ25	オハネ25	オハネフ25	オハネ25	オハネフ25

*7～13号車は東京～熊本間で連結。

●2011年（平成23）年3月5日、新幹線「はやぶさ」登場時の編成

1	2	3	4	5	6	7	8	9	10
E523	E526-100	E525	E526-200	E525-400	E526-300	E525-100	E526-400	E515	E514

の退潮が顕著になった。殊に九州「ブルートレイン」はその傾向が大きくなり、それは新幹線が博多まで延伸されたから当然のことで、飛行機の利用料金の低廉化も、それに拍車をかけた。ビジネスユースにしても、企業にとっても、社員の拘束時間が長くなる鉄道での出張は、飛行機に比べて望ましいものではなかった。

最晩年の「はやぶさ」は、東京～小倉間で大分発着の「富士」と併結して走るという「ブルートレイン」の全盛期には考えられないような姿で走り、その姿は「富士ぶさ」と皮肉られた。それでも需要の低下はとどまることがなく、「はやぶさ」は２００９（平成21）年３月14日に廃止となった。これで東京対九州の「ブルートレイン」は、すべて消滅した。

カニ22形は、本末転倒という言葉がぴったりの、間の抜けた車両だった。けれども、現代の鉄道車両には希薄な開発者の気概が宿る車両でもあった。こんな勇壮な車両が登場することは、もうないのだろうか。４基のパンタグラフを上げて走る客車列車。恰好いいじゃないか。

銀河

運転開始：1949(昭和24)年9月15日

東京と大阪を結んだ夜行急行。
東京と大阪に早朝に到着できる設定には利便性が備わっており、
晩年まで相応の輸送需要が示されていたが、
結局は廃止されてしまった。

??

ビジネス急行の筆頭格ともいえる列車が、
なぜ酔っ払い急行とまでいわれてしまったのか？

急行として初めて愛称名付き列車となる

いま、東京と新大阪の間は、東海道新幹線「のぞみ」で、最短2時間22分で結ばれている。東海道本線が全通した時代の全線の所要時間はおよそ24時間。超特急「燕」はこの道を8時間余りで走って人々を驚かせたが、電車特急「こだま」は、同じ道のりを6時間あまりで走り、東海道新幹線「ひかり」は、3時間10分に縮めてみせた。将来リニア中央新幹線が開通すると、品川～大阪間は67分で結ばれる予定とアナウンスされている。こと、関東対関西において、「日帰り圏」という言葉を持ち出す必要は皆無となることだろう。

そんな東京と大阪の間を、一晩をかけて走っていた客車急行が「銀河」だった。運転が開始されたのが１９４９（昭和24）年9月15日。廃止されたのが２００８（平成20）年3月14日のことである。２００８（平成20）年といえば、東海道新幹線にはすでにＮ７００系が登場しており、東京～新大阪間の所要時間は、最短２時間25分にまで短縮されている。そのような時代にありながら、なお運転が続けられていたのが「銀河」であった。わずか２時間あまりで着ける距離を、一晩をかけて走るのだから悠長な話のように見えるが、この列車がそれだけの長寿を誇れたのも、相応の存在意義と、需要があったからにほかならない。

「銀河」が愛称名付き列車となって運転を開始した時代は、国鉄が戦中、戦後の混乱からようやく脱却して、徐々に車両や、運転体系の整備が進められていた時であった。同じ9月15日からは、東京〜大阪間で特急「へいわ」の運転が開始されている。この列車は、戦後初めて運転が再開された特急として注目されたが、それと同じ日から、「銀河」の運転も開始されたのである。

運転開始当時の「銀河」は13両編成で、編成中に2両の1等寝台車マイネ40形と3両の2等座席車が連結されていたほかは、すべて3等座席車で組成されていた。当時はまだ国鉄の旅客車は3等制を採用しており、これが2等制に改められるのは1960(昭和35)年7月1日、現行のモノクラス制(グリーン車は特別車という位置づけ)に移行するのは1969(昭和44)年5月10日のことである。夜行の優等列車でありながら、編成のほぼすべてが座席車であったことには隔世の感があるが、そのような時代に運転が開始され、しかも急行列車でありながら、いち早く愛称名が採用されたところに「銀河」の高い位置づけ、国鉄の期待の高さが窺える。

ただし、新設当初の「銀河」は、急行でありながら1・2等のみで組成されており、しかし2等車といえども庶民には高根の花であったことから、列車はガラガラであったという。これを問題視した国鉄は、9月24日には編成替えを行い、上記の編成での運転が開始されている。国鉄という組織は縦割りが明確で、そのスタイルがしばしば「お役所」にもたとえられたのだが、こと現場からの声には早急に対応していた。採算性を錦の御旗として、現場の声にあまり耳を傾けようとしない姿勢は、民営会社であるはずの今日の方が顕著であるのかもしれない。

東海道本線に多数運転された夜行列車

まだ東海道新幹線が開通する前の東海道本線の主役は昼行特急で、客車列車時代は「つばめ」「はと」、電車列車の時代は「こだま」がその主役となるが、この時代には、まだ今日のように特急列車が多数運転されていたわけではなく、運転本数が少なく、利用料金も相応であった特急列車は庶民にとっては縁の薄い存在で、多くの人々が長距離の移動に選んだのは急行列車だった。

仮に、東京を昼間に出発する急行であっても、それが九州までを走るのであれば、関西圏以西では夜行列車ということになる。いわば、昼行、夜行の区別がなく、全国を縦横に優等列車が走っていたのが、この時代ともいえるだろう。

ともあれ、運転開始後1週間で組成変更をした「銀河」は利用率を回復させ、以後は東海道・山陽本線を走る列車のサービスの拡充と、列車愛称名の採用が続けられてゆく。東京と関西圏を結ぶ夜行急行だけをみても、以後、「明星」「彗星」「月光」「あかつき」「金星」「すばる」といった列車が増発されており、今日の目から見れば、他線区の列車であるかのような面々も、そのルーツが東京〜関西間にあることが窺える。まだ新幹線のない時代には、東京〜大阪間の移動には相応の時間が必要とされ、夜間帯を有効に利用できる夜行列車は、利便性の高い存在だったのだ。

寝台列車退潮の時代を走り続けた「銀河」

雑多の車種によって組成された「銀河」は、昭和30年代には10系客車も連結されるようになり、1976（昭和51）年2月には20系客車での運転に変更された。

元祖「ブルートレイン」として一世を風靡した20系も、この時代には格落ちとなったことを受けての措置で、老朽化した車両を1ランク下の列車に充当する「玉突き」式の措置は、この時代の国鉄の「お家芸」として、全国で展開されていたのである。

さらに、「銀河」の使用車両は１９８５（昭和60）年3月には14系となり、この翌年には24系25形へと改められた。24系25形はB寝台においても2段式寝台を採用した、当時の国鉄の最高水準の車両であった。「銀河」は急行でありながら、特急に使用されていた形式が充当されたのである。「銀河」は一定の需要を得て走り続けていた。「銀河」を利用すれば早朝発の新幹線よりも早く目的地に到着することができ、大船、小田原といった駅にも停車することから、それぞれの地域に住まう人にとっては、利便性の高い列車となっていたのである。

確かに、晩年の「銀河」には「酔っ払い急行」という呼び名もあって、アルコールを摂取した利用客が少なくなかったことも事実だった。飲酒が待ち時間を潰すためのものか、飲みたいから「銀河」なのか、それとも、単に新幹線に乗り遅れただけだったのかは判然としないが、そんな選択肢を与えたことも、この列車の性格の一つだった。

そんな「銀河」も2008(平成20)年の春に姿を消した。夜行列車の需要は減り続け、「並行在来線」である東海道本線を走り通す優等列車は無用の長物となったのである。その後、2020(令和2)年9月11日には、JR西日本が「WEST EXPRESS 銀河」の運転を開始した。この列車は、京都、大阪をターミナルとする「クルージングトレイン」の要素も含んだ列車だが、夜行列車として運転されることから、「銀河」という愛称名が復活することになった。この列車がこれから「銀河」の名にふさわしい働きを見せるのか。今はそれが楽しみである。

●1949(昭和24)年9月15日、急行「銀河」登場時の編成

	1	2	3	4	5	6	7
マニ	マイネ40	マイネ40	オロ40	オロ40	オロ40	オロ40	オロフ32

●1961(昭和36)年10月1日、急行「銀河」の編成

	1	2	5	6	7	8	9	10	11	13
マニ	マロネ40	マロネ41	ナハネ11	ナハネ11	ナハネ11	ナハネ11	ナハネ11	ナハネ10	ナハネ10	スハフ42

●1964(昭和39)年10月1日、急行「銀河」の編成

	1	2	3	4	5	6	7	8	9	10	11	12	13
マニ	マロネ40	マロネ40	マロネ41	オロネ10	オシ16	ナハネフ10	オハネ17	オハネ17	オハネ17	オハネ17	オハネ17	オハネ17	ナハネフ10

大垣夜行

東海道本線に残された最後の夜行普通列車。
「青春 18 きっぷ」ユーザー御用達の列車となったが、
最後はこの列車に乗ることそのものが、
イベントと化したような様相を呈した。

並ばなければ当日中に目的地に着けるのに、
なぜ東京駅で半日並んでまで乗ったのか？

孤高の存在となった大垣行143M

最晩年には快速「ムーンライトながら」を名乗り、「青春18きっぷ」のユーザーにとって不可欠の存在となった列車である。そのルーツは古く、ここではファンの間の通称ともなった「大垣夜行」の名で、この列車を呼ぶことにしよう。

まだ、東海道新幹線が開業する以前。東海道本線には数多くの優等列車、長距離列車が設定されていた。夕方のラッシュ時を過ぎた東京からは、関西、九州方面に向けて数多くの夜行列車が発車する。その最後を務める形で運転されていたのが、大阪行き145列車だった。1961(昭和36)年10月のダイヤで見ると、145列車は23時30分に14番線を発車する。大阪着は翌日の10時47分だから長丁場の旅となるが、衰えない輸送需要のある列車だった。この時代には、特急、急行に乗っても、東京から大阪までを走るのは相応の時間が必要とされ(このダイヤでは最速の特急「こだま」でさえ、6時間30分を要している)、それであれば、夜を徹して走り、しかも特別料金が不要な普通列車を利用したいと考える利用客は少なくなかったのである。

この列車は列車番号からも解るとおり客車を使用して運転された列車であったが、１４５列車が東海道本線を走る最後の客車列車となったことから、国鉄内部にこの列車を廃止して合理化を進めようという考え方が起こった。しかし、この計画が公にされると、利用客からの強い反発があり、反対運動までが行われた。

これを汲む形で、東海道の夜行普通列車は延命を果たし、客車列車は廃止するものの、急行用の電車をこれに充当することになった。列車番号は幾度か変わったが、東海道本線を走る電車列車が３００番代の列車番号を用いていたのに対し、この列車だけは客車時代のものを継承する形で１４３Ｍを名乗り、ただし運転区間は東京～大垣間に短縮され、この運転が長く続けられた。

この列車が大垣止まりとなったのは、近隣に大垣電車区があることから運用には有利であったことに拠るもので、終点の大垣では、西明石行きに接続することで、利用客の便宜が図られた。この列車は、特別料金なしで利用できることから、昭和中期には若者の旅行の定番となっていた均一周遊券での利用にも好適で、１０００円という料金を追加して、グリーン車を利用する乗客も多かった。終点の大垣では、接続する西明石行きで着席するために、１４３Ｍの乗客が跨線橋をダッシュで渡る競争が繰り広げられ、それが学校が休みとなる時期のお約束の風景となっていた。

「青春18きっぷ」の登場で利用者が激増

普通列車であれば一日乗り放題となる「青春18きっぷ」が初めて売り出されたのは、1982(昭和57)年春のことだった。この切符の特徴は、改めて語るまでもないだろう。1枚の切符の有効期限は夜の0時過ぎから、当日夜の24時過ぎに最初に停車する駅、または最終電車までの1日となる。特別料金を追加しても、優等列車やグリーン車を利用することはできないが、切符1枚で相当な長距離を乗り通すことができるから、体力、忍耐力がある者にとっては、夢のような存在となる切符である。

大垣夜行は、この切符の利用に持って来いの存在だった。切符のルールから、大垣夜行に東京から乗車するのであれば、0時を過ぎる戸塚駅の前後までは別途乗車券を購入しなければならないが、とにかく電車を乗り継いでいけば、熊本県の八代までをも1枚の切符で乗り通すことができたのである。

それまでの若者の定番アイテムとなっていた均一周遊券は、JRの発足後にシステムを変える形で消滅し、大垣夜行は「青春18きっぷ」ユーザーが列車を独占する時代が始まったのだった。均一周遊券を利用しての旅行であれば、追加料金を支払うことで、新幹線などにも乗車することができるから、利用する列車の選択範囲は広いが、「青春18きっぷ」は普通列車しか乗れないから、夜行列車の選択肢は限られる。

この切符が初めて登場した時には、東京圏発着の夜行普通列車には、まだ上越線経由の長岡行き、中央本線・篠ノ井線経由の長野行きなどが運転されていたが、やがてこれらの列車が廃止になると、東京からの長距離旅行であれば大垣夜行がほぼ唯一の選択肢となり、その結果と

●1968（昭和43）年10月1日、大垣夜行の誕生時の編成

1	2	3	4	5	6	7	8	9	10	11	12
クハ 153	モハ 152	モハ 153	サロ 153	サロ 153	モハ 152	モハ 153	クハ 153	サハ 153	モハ 152	モハ 153	クハ 153

●1983（昭和58）年、大垣夜行165系化時の編成

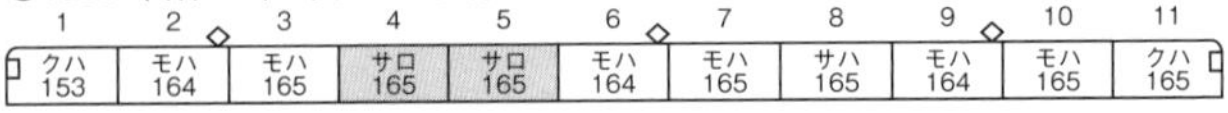

1	2	3	4	5	6	7	8	9	10	11
クハ 153	モハ 164	モハ 165	サロ 165	サロ 165	モハ 164	モハ 165	サハ 165	モハ 164	モハ 165	クハ 165

●1996（平成8）年3月16日、「ムーンライトながら」の編成

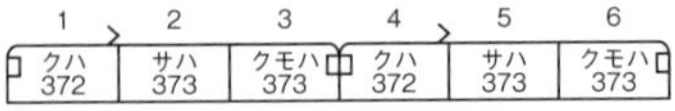

1	2	3	4	5	6
クハ 372	サハ 373	クモハ 373	クハ 372	サハ 373	クモハ 373

して、「青春18きっぷ」の発売時期には、乗客が殺到する事態になったのである。

その対策として、「青春18きっぷ」の発売時期には、大垣夜行に続行する形で運転される救済臨時列車が設定されるようになったが、利用客も対策を施すようになった。対策といっても話は簡単で、早い時間帯から東京駅で行列を作って待つということである。

乗車することがイベントになった「ムーンライトながら」

こうして、東京駅にはまだ陽の高いうちから、23時30分頃に発車する「大垣夜行」の乗客が列を作るようになった。もちろん、待合室などが用意されるわけではないから、指定された床の上に座り込んで時間を過ごすのである。このために段ボールが必須のアイテムとなり、段ボールの上に座り混んだ若者(だけとは限らなかったが)が、長蛇の列を作る光景は、形容しがたい一種異様なものとなったのである。

冷静に考えてみるならば、まだ陽の高いうちから、駅の床の上に座り続けるのであれば、さっさと出発してしまった方が早い。座り続けているにしても、それは断食ではなく、食料、飲料も調達しなければならないから、このコストも馬鹿にはならない。思えば、ずいぶんと効率の悪い旅の形が、「青春18きっぷ」利用での「大垣夜行」への乗車となってしまったのである。

つまり、「大垣夜行」に乗車することが、一つのイベントとなったということだろう。その意味では、現代の「クルーズトレイン」と似たようなものであったのかもしれない。「大垣夜行」は、1996(平成8)年3月16日から快速「ムーンライトながら」へと姿を変え、使用車両もめまぐるしく変化している。変わらないのは若者の熱気だけ、というところだが、実はこれにも様変わりがあり、ヒートアップは年を追うごとに度を増していったのである。

この現象が意味するものは何だったのだろう? つまりは、この列車が若者にとって重要な、心を開放する場所になっていたということかもしれない。晩年の「ムーンライトながら」の車内は、昔のユースホステルのミーティングや、フォークソングの集会にも似た雰囲気になっていたのである。

そんな「ムーンライトながら」も、2020(令和2)年3月29日に運転が終了した。それは東海道本線の全通から130年後の、東海道本線夜行普通列車の終焉だった。

はと

運転開始：1950(昭和25)年5月11日

東京〜大阪間運転の昼行特急として運転を開始。
以後、特急「つばめ」と対をなす存在として運転が続けられ、
東海道本線の花形列車となったが、
後年は曖昧な地位に甘んじた。

??

なぜ専属乗務員までいるような名門なのに、
まったく定着せずに曖昧な列車になってしまったのか？

戦後2番めの特急となった「はと」

「はと」という列車も、戦前の大陸、南満州鉄道（満鉄）の列車として運転されたという経緯がある。この列車が南満州鉄道を代表する列車であった時代もあったというが、1934（昭和9）年11月に「あじあ」が誕生すると、盟主の座がそちらに譲られることになった。「あじあ」は、当時の技術の粋を尽くして製作された列車だった。日本とは異なり、広軌（国際標準軌＝1435ミリゲージ）を採用した南満州鉄道は、日本国内のぜい弱なインフラでは実現できない高規格の列車を運転できる鉄道として、技術者が自らの夢を実現することができる恰好の舞台となったのである。しかし、南満州鉄道の「はと」は、1945（昭和20）年8月には運転を終了し、南満州鉄道も閉鎖されている。

そのような経緯もあって、国内の鉄道には縁の薄い存在であった「はと」であるが、1950（昭和25）年5月11日に、日本国内の列車として運転を開始した。運転区間は東京～大阪間で、もちろん昼行列車として、客車が使用された。戦後になって初めて運転された特急は、1949（昭和24）年9月15日に運転を開始した「へいわ」で、この列車は改めて愛称名を公募をし直し、翌年1月1日から、愛称名を「つばめ」へと変えている。「つばめ」は得票数1位で、やはり戦前の超特急「燕」が、国民に強い印象を与えたことが、得票1位に結び付いたのかもしれない。

そして、2位となったのが「はと」であった。そして、この愛称が、「つばめ」に遅れることおよそ5か月で運転を開始した、戦後2番目の特急に使用されたのである。

「はと」と「つばめ」の編成は同一で、下り列車であれば「つばめ」が9時00分に発車し、「はと」が12時30分に発車するという、利用者にも解りやすい設定が採用された。

こうして、「はと」と「つばめ」は東海道本線の二枚看板となって、東海道を往復した。鉄道好きの作家として知られた内田百閒の代表作に『阿呆列車』がある。どこかに哀愁を含んだ軽妙なタッチで記されたこの紀行文は、やがて百閒の代表作に成長するが、その第1回の旅となったのが、1950(昭和25)年10月22日〜23日の「はと」への乗車であった。百閒は「なんにも用事がないけれど」東京と大阪を往復し、「中途半端な存在が嫌い」だといって、毎日の生活は質素であったのに、この旅では一等車に乗り込む。「はと」と「つばめ」は、もちろん当時の最速列車であったが、百閒が記した道程にはどこかのんびりとした雰囲気が漂い、それは筆致によるものばかりではないだろう。作品中で百閒と会話を交わす専務車掌の口調も、どこかのんびりとしている。それがこの当時の特急列車の姿だったのだろう。

その後、1956（昭和31）年11月19日の東海道本線の全線電化完成からは、「はと」と「つばめ」用の客車は、車体塗色がライトグリーン（淡緑5号）に改められている。それは、全線の電化が完成して、もう客車が蒸気機関車が吐き出す煙に汚れることがないということをアピールすることが目的だったというが、この時代には、東京、大阪の私鉄に、従来のものとは一線を画する高い性能を備えた電車が続々と登場し、それらはいずれも、赤や緑といった艶やかな車体塗色を採用して利用者を驚かせた。「はと」、「つばめ」用客車の車体塗色の変更も、この時流に沿ったものであったのかもしれない。

「こだま」人気に押されて、「はと」も電車特急に

「はと」と「つばめ」がペアを組む形で、東海道本線を上下する形は、結局1960（昭和35）年5月31日まで続けられた。それまでの間に、使用される客車は随時変更されており、最晩年は特急用として開発されたスハ44系客車と、新しい時代のスタンダードとして開発された10系客車が、共に車体塗色をライトグリーンに変更して編成を組んでいる。

このライトグリーンの塗装は、電化完成後の東海道本線の特急の専用色に位置づけられたことから、客車特急「はと」「つばめ」の運転が終了すると、10系客車は在来線を走る客車と同様の青（青15号）へと改められているが、旧型客車の一部には、淡緑5号のカラーリングのままローカル線に転属した車両もあって、福島県にあった川俣線ではスハニ35形が1両だけでC12形に引かれて12・2キロの「盲腸線」を往復していたこともあった。そんな場違いともいえるような車両が都落ちをして働き続けていたのも、昭和中期の国鉄の風景だった。

国鉄客車特急の黄金期も、やがて終焉を迎える。1958（昭和33）年11月1日

からは、東海道本線で電車特急「こだま」の運転が開始され、この列車はまたたく間に人気絶頂の存在となった。長く東海道本線を往復してきた客車特急は、それこそ一夜のうちに時代遅れの存在となり、閑古鳥が啼くようになる。確かに電車を用いて運転される「こだま」の速度が速いことは事実であったが、それは全線で30分程度のもので、圧倒的な差というわけではない。人気の鍵となったのは、「こだま」に装備されていた空調設備であったというが、大きな人気の差は、国鉄にとっても計算違いであったのかもしれない。客車特急「はと」は、1960（昭和35）年5月31日で廃止となる。のんびりとした口調で百閒をもてなした「はと」の客室乗務員は、どこに異動したのだろうか？

新幹線の延伸によって働き場を失う

1961（昭和36）年10月1日。「はと」は東京〜大阪間運転の電車特急として、新たな歩みを始めることになる。使用されたのは「こだま形」151系である。同年の6月1日からは、151系電車特急の下り寄り先頭には、1等車クロ151形が連結され、大窓を配して「パーラーカー」の愛称もつけられたこの車両は、客車列車時代に連結された展望車の代替を果たすものとアナウンスされた。この車両もまた、人々の憧れの存在となった。

そんな151系「はと」の活躍期間は短く、東海道新幹線が開業すると新大阪～博多間運転のフィーダー特急に姿を変え、新幹線が岡山に延伸されると、ターミナルは岡山に変わった。その事情は僚友の「つばめ」も同様で、運転区間がどんどん短くなるかつての名列車の姿には、都落ちという言葉では言い表すことのできない悲しみが漂っているようでもあった。山陽新幹線は1975(昭和50)年3月10日に博多への延伸を果たし、「はと」は廃止された。

こうして「はと」は名門列車でありながら、ホームグラウンドのない、曖昧な印象の列車となってしまった。

●1956（昭和31）年11月19日、急行「出雲」の編成

	1	2	3	4	5	6	7	8	9	10	11	12	13
マニ	オロ 40	マロネ 41	スロネ 30	ナハネ 10	ナハネ 10	スロ 53	ナハ	ナハ	ナハフ	ナハ	ナハ	ナハ	ナハフ

*1～6号車は東京～大阪間で連結。

●1972（昭和47）年3月15日、特急「出雲」誕生時の編成

	1	2	3	4	5	6	7	8	9	10	11
カニ 21	ナロネ 21	ナハネ 20	ナハネ 20	ナハネ 20	ナシ 20	ナハネフ 23	ナハネ 20	ナロネ 21	ナハネ 20	ナハネ 20	ナハネフ 22

*7～11号車は東京～出雲市間で連結。

アルプス

運転開始：1948（昭和23）年7月1日

首都圏発中央線経由の急行として登場。
登山ブームの時代には複数の夜行便が設定される活躍をみせたが、
特急と自動車専用道が主役となった時代には、
まったく無用の存在となった。

**なぜ山男、山女に愛される列車には、
最新車両が投入されず、スピードも遅かったのか？**

終戦直後に客車準急として運転を開始

中央本線に「アルプス」が登場したのは終戦からまだ間もない1948（昭和23）年7月のことで、運転区間は新宿〜松本間。当初は不定期準急としての運転開始だった。列車番号は2403・2402列車。すなわち客車列車としての運転である。翌1949（昭和24）年9月15日のダイヤ改正でこの準急列車は定期列車に格上げされて、列車番号は407・408列車となり、松本〜長野間を普通列車として運転している。この列車は当初から夜行列車としての運転で、それは登山客に便宜を図ったものだろう。夜明けの頃に山麓に到着できる夜行列車は、登山にはうってつけの存在だったのである。

国鉄が準急という列車種別を設定していたのは1926（大正15）年9月から1966（昭和41）年3月までの間のこと（戦時中と終戦直後を除く）で、急行に準ずる列車ということからネーミングされた。1946（昭和21）年11月から準急料金が徴収されるようになり、急行列車の格下の列車に位置づけられてはいたが、在来の急行列車が蒸機牽引のままであっても、準急には新鋭の気動車が投入されることもあって、また、準急料金が急行料金よりも割安であったことから、利用客にとっては、準急が急行よりも格段に劣る列車であるという意識はなく、むしろ、準急列車を選んで利用する乗客もいた。つまり、さまざまな選択肢が、乗客の利便性にも配慮して用意されていたのが昭和中期までの国鉄のスタイルで、今日の鉄道の、新幹線と特急

●1955（昭和30）年7月、準急「アルプス」の編成

	1	2	3	4	5	6	
ニ	ロ	ハ	ハ	ハ	ハ	ハフ	ユニ

●1960（昭和35）年4月25日、急行「アルプス」気動車化時の編成

1	2	3	4	5	6	7
キロ25	キハ55	キハ55	キハ55	キハ55	キハ55	キハ55

●1961（昭和36）年10月1日、急行「アルプス」キハ58系投入時の編成

増1	増2	1	2	3	4	5	6	7
キハ55	キハ55	キハ58	キロ58	キハ58	キハ58	キハ58	キハ58	キハ58

*401D第一アルプスの編成。増1・2号車は新宿～甲府間で連結。

●1965（昭和40）年7月1日、急行「アルプス」電車化時の編成

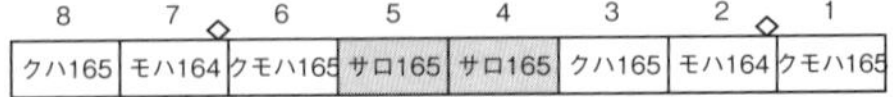

8	7	6	5	4	3	2	1
クハ165	モハ164	クモハ165	サロ165	サロ165	クハ165	モハ164	クモハ165

●1986（昭和61）年11月1日改正、急行「アルプス」165系化時の編成

1	2	3	4	5	6	7	8	9
クハ183	モハ183	モハ182	モハ183	モハ482	サロ183	モハ183	モハ182	クハ183

以外には選択肢のない運営スタイルとの大きな違いが感じられる。これも鉄道が陸上交通の王者であった時代の矜持というところだろうか。

「アルプス」という列車名は、もちろん中央線沿線に展開される中部山岳地帯にちなんだもので、明治初期に飛騨山脈を調査したイギリス人鉱山技師が、ヨーロッパの山岳地帯になぞらえて、これに「日本アルプス」の名を贈ったことから、この呼び名が定着した。その後、飛騨山脈が「北アルプス」、木曽山脈が「中央アルプス」、赤石山脈が「南アルプス」と呼ばれるようになるが、このスマートなネーミングがあったからこそ、多くの観光客、登山家が、日本の中央に連なる山岳地帯に、強い憧れを抱いたのだろう。

キハ58系が演出した気動車急行全盛の時代

「アルプス」はその後、１９６０（昭和35）年４月15日に気動車急行に格上げされ、この時は当初キハ55系が充当されて、後にキハ58系へと改められている。時代が昭和30年代中期ともなると、社会の安定、生活水準の向上を背景として、多くの人が自由に個人旅行を楽しむようになり、登山ブームも起こった。急行形気動車という高い汎用性を備えた車両を使用して運転された「アルプス」の活躍ぶりは目覚ましく、例えば1968（昭和43）年10月のダイヤ改正時には、新宿発の急行「アルプス」「八ヶ岳」「かわぐち」が、いわゆる「3階建て列車」となり、12両編成の1～5号車は新宿～松本間運転の「アルプス」、6～8号車は同じ「アルプス」を名乗りながら大糸線を糸魚川まで足を延ばし、9～10号車は「八ヶ岳」として小海線に乗り入れて小淵沢から中込までを普通列車として走り、11～12号車は「かわぐち」として大月から富士急行線に乗り入れて河口湖までを走るという多彩な運転を行っている。こうなると「3階建て列車」というよりも「4階建て列車」と呼ぶ方が正しいのかもしれないが、こんな列車の設定は、いま当時の時刻表を見ているだけでも楽しくなる。恐らくは当時の人々も同じ思いであったに違いない。「それではどの駅で駅弁を買おう？」などと、出かける前からいろいろなことを考えて、嬉しい悩みに悶々とするのが、鉄道旅行の大きな楽しみだったのである。

その後、旅行ブーム、登山ブームを背景として、「アルプス」は着々と運転本数を増やし続け、1965（昭和40）年5月には気動車急行7往復の体制となった。この時点で中央本線、篠ノ井線の電化区間は松本に達しており、「アルプス」の電車化も予想されたが、まだこの時点では3往復が165系を使用して電車化されるにとどまっている。大糸線南小谷以北や、小海線のような非電化区間への直通運転を視野に入れるなら、電車よりも気動車の方が運用に柔軟性があり、確かに気動車の運転速度は電車に劣り、それは勾配の多い中央本線の線形も密接に関係していたのだが、もとより新宿〜松本間は240キロあまりしかないのだから、速達性を優先させる必要はない。夜行急行御用達の山男、山女にしても、ひとたび席に収まってしまえば、後は眠るか、宴会を始めるかのどちらかなのだから、居住性もさしたる問題とはされない（宴会の会場とするのは固定式のボックスシートが好適で、リクライニングシートは、むしろ不向きである）。この時代の気動車急行「アルプス」は、まさに水を得た魚のような役回りを演じていたのである。そのような事情もあってか、「アルプス」全列車の電車化は遅れ、これが完了したのは1975（昭和50）年3月10日のこととなった。

電車化以降は退潮が続いた「アルプス」

松本電化に先立つ1966（昭和41）年12月12日には中央本線、篠ノ井線で初めての特急となる「あずさ」の運転が開始されたが、特急の登場後も「アルプス」の地位は不動だった。まだ一般市民にとって特急は敷居の高い存在でもあったのである。そして夏の登山シーズンには、数多くの臨時「アルプス」が夜行便として設定され、夜の新宿駅は大変な賑わいをみせたのである。165系急行にはビュフェも組み込まれていたが。夜行便での営業は行われず、空きスペースは恰好のリュックサック置き場となり、ビュフェそのものも、1976（昭和51）年11月30日で営業を中止してしまった。

時代が昭和50年代になると、日本の鉄道は明確に高速運転を指向するようになった。それは全国で高速道の整備が進んだ以降に、鉄道に求められる重要な資質となったのである。1986（昭和61）年11月1日には、「アルプス」は夜行の1往復を除いて特急「あずさ」へと格上げされた。残った夜行1往復にも183系、189系といった特急形電車が充当され、また一つ、昔ながらの情景が失われることになった。そして、2002（平成14）年12月1日をもって「アルプス」は全列車が廃止となった。

出雲

運転開始：1947(昭和22)年6月29日

登場時は大阪と出雲地方を結ぶ列車として活躍。
その後、東京と山陰地方を結ぶ寝台列車として長い間運転されたが、
高速列車の台頭によって変貌を余儀なくされた。

**なぜ人気のあったはずの列車は、
ルートを変えられ、電車になったのか？**

20時間をかけて大社に直通した夜行列車

「出雲」の運転が開始されたのは、終戦からまだ日の浅い1947(昭和22)年6月のことで、大阪〜大社間運転の準急としての登場だった。当時の列車名は「いずも」。大社とは今は廃止となってしまった国鉄大社線の終着駅で、出雲大社の玄関口となるこの駅に、大阪からの直通列車が運転されていたのである。それはもちろん、参拝客輸送を目的としたもので、この時代には全国で寺社仏閣への参拝客を運ぶ列車が運転されていた。当時の人々にとって、参拝は宗教的行事であると同時に、レジャー旅行の性格も帯びていたもので、輸送需要は旺盛だった。

準急「いずも」は、編成中に昭和初期に製作された車体長17mのオハ31系も組み込まれた古色蒼然とした列車で、大阪から大社までの片道に10時間を要したというが、1951(昭和26)年11月25日には急行に格上げされる。編成は、まだオハ31系も含まれてはいたものの、43系客車を主体としたものとなり、しかも東京発着の列車へと改められている。この列車は宇野行き急行「せと」を併結し、途中での客車の切り離しもあって、大社まで直通する客車は2両のみであったというが、見事な出世ぶりといえそうだ。この時の運転ダイヤは、下りが東京発22時00分、大社着18時05分というもので、かなりのロングランである。これが今日であれば、乗り応えのある列車として人気が出るかもしれないが。こうして「出雲」は、東京に縁のある列車となった。

東京対山陰の色合いを強め特急列車に格上げ

それからの「出雲」は、東京対大阪・山陰という性格を有する列車として運転が続けられている。この列車の出自を考えれば、それは当然の経緯であったが、1961(昭和36)年10月のダイヤ改正でこのスタイルが改められ、「出雲」は京都から浜田へと向かう運転方式に改められた。それは、この列車を東京対山陰の色合いの濃いものに改めるもので、現代の多くの人が知る「出雲」の原型がこの時にできあがったということになる。

この時の「出雲」は急行だが、編成は10系A寝台車も組み込まれてはいるものの、主体となっているのはスハ43系の座席車で、つまり、この列車を利用するほとんどの人が、固定式のボックスシートで夜を明かしたのである。現代でも、ボックスシートによる夜行列車の運転は続けられ、今はその乗り心地を味わう「体験乗車」的な夜行列車も運転されているが、多くの人が座席車で夜を明かす列車の雰囲気はいかばかりだったろう。昭和30年代、あるいは40年代初頭まで、日本の鉄道は、地方を走る車両には、東京圏、関西圏や、これを結ぶ幹線を走る車両との明確な格差があった。この時代の「出雲」も、その一つといってよいだろう。ＪＲ各社がこぞって自社のオリジナル車両を製作する現代との違いがここにある。もっとも、さまざまな地域の差があったからこそ興味が湧いたのも、旅というものなのだが。

「出雲」が晴れて特急に格上げされたのは１９７２（昭和47）年３月15日のダイヤ改正からで、すなわち新幹線の岡山開業時からである。使用車両は20系客車。山陰本線ではＤＤ54形が列車を引いた。新幹線の延伸で、中国地方と東京、大阪の距離はぐっと縮まったが、まだこの時代には寝台車にも旺盛な需要があった。それは「陰陽連絡」線とも呼ばれる伯備線などの整備が遅れ、この時代には列車の速達化がなされていないことにも拠るものだった。１９７５（昭和50）年３月ダイヤ改正で、「出雲」は２往復体制へと移行している。これが「出雲」にとっての黄金期といえるだろう。東京と山陰を結ぶ寝台特急に、それだけの需要があったのである。

逆風の中で「サンライズ出雲」の運転は続く

しかし、多くの寝台列車と同様に、昭和50年代以降の「出雲」は、時を経るごとに乗客の減少に悩まされることになる。同じ言葉を繰り返すことにはなるが、飛行機、高速バスなどの競合交通機関の台頭がその大きな理由で、低廉な宿泊施設の増加も、利用客の寝台列車離れ、夜行列車離れを導いた。

また、こと「出雲」に関していうのであれば、1982（昭和57）年7月の伯備線電化も分岐点となった。新幹線が岡山に延伸されて以降は、伯備線が輸送の中核を務めるべく整備が続けられていたが、気動車列車では速度にも限界があって、速達化の効用はいま一つといったところだった。しかし、電化が完成し、振り子式車両が投入されるようになると、その様相が大きく変わる。仮に米子、松江あたりから、東京に帰ることを考えると、「出雲」に乗車するよりも、1時間だけ早く発車する特急「やくも」に乗って、岡山から新幹線に乗り継げば、その夜のうちに東京に帰着することができた。これでは、「出雲」を選択肢とすることが難しい。

この時代の「出雲」の恩恵を受けていたのが鳥取で、「出雲」の廃止が取り沙汰されるようになると、鳥取県の首長が東京まで陳情にやってきたという。ただ、その時に知事が飛行機を利用して東京に来ていたことが判明すると、肝心の訴えから力がそがれてしまったこともやむを得ないことだった。

現代とはそういう時代なのだろう。鳥取を訪ねた国政議員が、次に松江への移動を考え、最短ルートを検索したところ、それは羽田経由であったという、笑うに笑えない話も残されている。ただ、このような状況をどのように再整備するのかは、国を交えての議論、というよりも国が責任を持ってフォーマットを行うべきで、今はもうその時期に来ている。

幸いなことに、東京対山陰の夜行列車は、現代も運転が続けられている。いうまでもなく特急「サンライズ出雲」がそれで、電車を用いて運転されているこの寝台列車は、食堂車の連結こそないものの、一人用個室などの

●1956（昭和31）年11月19日、急行「出雲」の編成

	1	2	3	4	5	6	7	8	9	10	11	12	13
マニ	オロ 40	マロネ 41	スロネ 30	ナハネ 10	ナハネ 10	スロ 53	ナハ	ナハ	ナハフ	ナハ	ナハ	ナハ	ナハフ

*1～6号車は東京～大阪間で連結。

●1972（昭和47）年3月15日、特急「出雲」誕生時の編成

	1	2	3	4	5	6	7	8	9	10	11
カニ 21	ナロネ 21	ナハネ 20	ナハネ 20	ナハネ 20	ナシ 20	ナハネフ 23	ナハネ 20	ナロネ 21	ナハネ 20	ナハネ 20	ナハネフ 22

*7～11号車は東京～出雲市間で連結。

多彩な設備を有して、鉄道旅行の楽しさをアピールしているようにも見える。「サンライズ出雲」は、特急「サンライズ瀬戸」と、東京〜岡山間を併結して走っているが、同様の列車が、もっと多方面に運転されることがあったなら、日本の社会、経済、街づくりのマップにも、変化が生まれてくるのではないだろうか。鉄道には、そんな希望も抱いてみたい。

2往復の夜行列車として東京と山陰を結んでいた「出雲」は、比較的後年まで「1・4号」については、相応の需要があった。さすがに2往復の運転が供給過剰であったとしても、1往復の運転であればそれが適正値となって、運転がさらに続けられていた可能性もある。

もとより、特急を名乗っていても夜行寝台列車に殊更の速達性を求める必要はなく、それよりも山陰本線では停車駅を多めに設定して利用客の便宜を図るというのも有効な方策となっていたはずだ。東海道本線を走る「銀河」がそうであったように。

残された1往復の「サンライズ出雲」も、そろそろ285系電車の交替期が訪れようとしている。それからの夜行「出雲」がどのような形になるのか？　利用客に対するJRの姿勢が問われるであろう時が迫っている。

津軽

運転開始：1954(昭和29)年10月1日

昭和20年代後半に奥羽本線を走る初めての優等列車として運転を開始。以来、青森県、特に弘前を中心にした津軽地方の人々にとって不可欠の列車となり、「出世列車」とも呼ばれた。

??

なぜ「出世列車」と呼ばれた名門急行は、車内で冷凍ミカンをくれる人がたくさんいたのか？

「出世列車」と呼ばれた上野発着の優等列車

青森県の県庁所在地は青森市だが、青森の歴史を振り返ってみると、その中心的役割を果たしてきたのは、弘前市であることが解る。ただ、明治の廃藩置県に際して、全国の城下町という存在が、明治政府に警戒されたのか、その地方の本来的な位置づけに関わらず、城下町が県庁所在地に選ばれることがなかった例があった。それは福島県の会津若松や、長野県の松本などであったわけだが、青森県の弘前も同様の事例となった。古来、城下町には独特の文化と、住民の強い結束があり、それが再びのクーデターの発生に繋がる可能性があると判断されたのかもしれない。

そのような経緯があったからだろうか。弘前に繋がる奥羽本線は、東北本線と比較すると、近代化の遅れた路線となった。もちろん、何よりも大きな理由には、青森市、さらにその先の北海道への連絡を考えるのであれば、直線的なルートを採った東北本線が有利であり、福島と山形の県境の板谷峠や、山形と青森の県境の矢立峠など、いくつもの峻険な峠道の存在もあって、ことに鉄道の主力が蒸気機関車であった時代には、列車の速度向上を妨げる、文字通り衝立のような存在になっていたからではあるのだが。

近代化が遅れた奥羽本線で、最初に運転された優等列車が「津軽」で、上野と青森を結ぶ不定期急行としての運転開始。もっとも、上野～秋田間は上越線、羽越線を経由して走ったから、奥羽本線の急行とはいいにくい部分もあるのだが、それまでは優等列車などは無縁の存在だった庄内地方、秋田の人々にとって喜びは大きく、出稼ぎに出た人々が、帰省にこの列車を使用すると、それは経済的に恵まれた成功者と見なされるようになり、いつしかこの列車が「出世列車」と呼ばれるようになる。

今の若い人には、もしかしたら「出稼ぎ」という言葉も通じなくなっているかもしれない。昭和の中期頃までは、特に寒冷地で農業を営む人は、農作業がなくなる冬の間は、東京などの都会に出て仕事に就き、農業ができない期間の収入としたのである。そのような産業構造もあったから、地方に住まう人々は、都会、特に東京に憧れた。現代はどうだろう？　東京にそこまでの神通力はなく、むしろ環境に恵まれる地方での起業こそが、時代の先端を行くようにも見られているように感じられる。これもまた、時代の変化ということだろう。

不定期列車として運転が開始された「津軽」は、1956（昭和31）年11月19日、すなわち東海道本線の全線電化が完成した同じ日から定期急行に格上げされる。それは在来の奥羽線経由上野～秋田間運転の急行「鳥海」の名称を改めたものであったが、以後、「津軽」は、奥羽本線を代表する列車に位置づけられることになる。後に特急「あけぼの」が登場するまで、「津軽」は、東京と秋田、弘前を直結し、青森まで奥羽本線全線を走る唯一の優等列車だったのである。

地味な存在ながら東北地方の人気列車に

1965（昭和40）年10月ダイヤ改正で、「津軽」は2往復体制へと移行する。いわば、「出世列車」の出世で、この列車の安定した人気が窺える出来事となった。使用車両は10系客車を主体としたもので、見劣りはない。牽引する機関車がバラエティに富んでいた時代がこの時代の「津軽」で、上野から黒磯までは直流電気機関車のEF57形、黒磯から福島までは交流電気機関車のED75形、福島から米沢まで、板谷峠越えの区間は終戦直後にいち早く直流電化されており、この時代の牽引機はＥＦ64形、米沢以北は非電化となることから秋田までがＤＤ51形、最後の秋田から青森までがＤＦ50形という目まぐるしさである。列車の足取りが心配になるが、もとより速達性を問われる列車ではない。今は伝説的な存在となったＥＦ57形や、ＤＦ50形の走りっぷりはいかばかりだったろう。「津軽」の２往復体制は、上越新幹線が開業した１９８２（昭和57）年11月まで続けられた。

全国に夜行列車が健在だった時代。多くの旅行者が利便性や、経済性を求めて、この乗り物を移動手段に選んだ。鉄道の黎明時代には、列車の速度が遅かったことから、長距離を走る列車は、行程のどこかで必ず夜を迎えなければならない。１８８９（明治22）年に東

●1956（昭和31）年11月19日、奥羽線経由の急行「津軽」登場時の編成

		1	2	3	4	5	6	7	8	9	10
マニ	マニ	マロネ 29	スロ 60	オロ 41	ナハネ 10	スハ 43	スハ 43	スハ 43	スハフ 42	スハ 43	スハフ 42

*9・10号車は上野～新庄で連結。荷物車1両は上野～福島で連結。

●1983（昭和58）年7月1日、寝台とグリーン車を外された急行「津軽」の編成

1	2	3	4	5	6	7	8	9	10
スハフ 14	オハ 14	オハ 14	オハ 14	オハ 14	オハフ 14	オハフ 14	オハ 14	オハ 14	スハフ 14

海道本線が全通した時の全線走破の所要時間はおよそ24時間だったから、全線を直通する列車はすべて夜行列車ということになる。海外の事例にも学び、人々は夜行列車の使い方を習得していった。そして。一定の様式が生まれたのだった。

興味深いことに、この様式にも列車の走る地域やグレードの違いによって、さまざまな差異が生まれる。いま振り返ってみると、東海道を走る列車にはスマートさがあり、「津軽」を始めとする東北地方の列車には人情味があった。その代わり、東北地方を走る夜行列車は、朝になると酒臭かった。

変節が続いた上越新幹線開業以後

長い旅をする列車では、殊に一緒に夜を明かすことになる夜行列車では、同席した人は旅の道連れであり、友人だった。ボックスシートで相席となった人に冷凍ミカンを渡すといった行為は鉄道旅行の「作法」だった。特に東北地方を走る「津軽」のような列車では人の接し方が濃かったようだが、その昔の人は、急行列車のような庶民的な列車に乗車する際には、前もって冷凍ミカンを購入して、相席となった人に渡していたのである。

このような食品は、旅の退屈さをうっちゃり、小腹を満たすのにも好適で、ホームの売店には決まって、冷凍ミカン、茹で卵、甘栗などが置かれていた。左党向けには、これに乾き物が加わる。そんなシーンに出会えることが、鉄道旅行の醍醐味とされた。

上越新幹線開業後の「津軽」は、変節を繰り返した。ダイヤ改正時から充当されたのは20系で、これは余剰となった車両を使用したが、これは輸送力が不足したのか、1年を待たずに14系座席車に変更され、1990(平成2)年9月からは583系が、1992(平成4)年7月からは485系が、1993(平成5)年10月からは再び583系が使用された。しかし、車両が変わっても利用状況が変わることはなく、急行「津軽」はその年の12月1日に廃止され、「つがる」を名乗る特急が、2002(平成14)年12月1日から八戸~弘前間で運転を開始した。その日は、東北新幹線が八戸延伸を果たした日だった。

「あけぼの」が登場した後は、「出世列車」の代名詞をそちらに譲った「津軽」だが、人と人の触れ合いを感じられる列車という性格は、最後まで失われることがなかった。

東海

運転開始：1955(昭和30)年7月20日

昭和30年代初頭に東海道を走る昼行の客車準急として運転を開始。
その後、運転区間や使用車両はさまざまに変わってゆくが、
東海道本線を走る昼行列車であることは変わらなかった。

??

「東海形」として名を残すような名列車が、
なぜ苦行ばかりの道中を過ごさねばならなかったのか？

旧型客車、そして旧型電車を用いて運転を開始

松本清張の出世作『点と線』が月刊『旅』での連載を開始したのは1957（昭和32）年2月号においてで、まだ無名に近かった清張が起用された理由は、「力量がありながら、原稿料を抑えることができる作家」と目されたことであったという。その『点と線』とほぼ同時期に執筆された小説に『眼の壁』がある。この作品は鉄道を舞台にした小説ではないものの、作中で主人公の相棒を務める記者が、「会社が、わずか半日で行ける名古屋への出張を認めない」と愚痴るシーンがある。今日の東京～名古屋間は、「のぞみ」でおよそ1時間半の距離だが、東海道本線が全線電化を果たした当時でも、東京～名古屋間は半日を要する行程であったことが窺える。小説の中の人物が、わずか半日と語る行程は、今日の目には大行脚だ。

「東海」はその名のとおり、東海地方で活躍することを念頭に設定された列車で、運転が開始されたのは1955（昭和30）年7月。この当時、東海道本線の電化区間はまだ米原止まりという状況であったが、特に利用客が多かった東京～名古屋間を走る準急としての運転が始められた。

ただしこの時点では、まだ電車が使用されることはなく、「東海」の使用車両は43系客車で、これをEF58形が牽引する。元々は特急、急行用として開発された43系客車であったが、やはりクラシカルな趣もある組成である。運転ダイヤは、下りが東京発15時05分、名古屋着21時45分。上りが名古屋発8時30分、東京着15時20分というもので、やはり相応の時間が必要とされる。「東海」は準急であるから、もちろん食堂車などは付いていない。『眼の壁』は1957（昭和32）年4月から『週刊読売』で連載が始まっているから、清張がイメージしていたのは、この時代の「東海」である可能性が高い。当時の東京〜名古屋間の鉄道旅行は、今日の「青春18きっぷ」の旅のイメージに近いものであったかもしれない。

そんな「東海」も、1957（昭和32）年10月1日には、列車種別は準急で変わりないものの、使用車両を80系へと改めている。列車の電車化はもちろん速達化に寄与するが、何しろツリカケ式駆動の80系のことである。走行音は決して小さくはなかったはずであるし、空調装置などもない時代である。春から秋にかけて、窓を開けて走る電車の車内は、さぞ賑やかであったに違いない。

大車輪の活躍をみせた新幹線開業前の「東海」

１９５８（昭和33）年という年は、日本の鉄道にとって記念すべき年となった。この年10月のダイヤ改正から、東京〜博多間運転の特急「あさかぜ」に20系客車が充当され、ダイヤ改正からひと月遅れとなる11月１日からは、東京〜大阪・神戸間に電車特急「こだま」が登場。これによって東海道本線の昼行特急は「こだま」、夜行特急は「あさかぜ」という二枚看板が出来上がったのである。

そして、「こだま」の運転開始と同じ日から、「東海」用の車両も刷新された。１５３系電車の運転開始である。１５３系は主に急行、準急に充当することを念頭にして開発された車両で、客室設備は、先に登場していた軽量客車10系に準じ、走行関連機器は、前年12月に営業運転を開始したモハ90形（１０１系）、あるいは特急用のモハ20形（１５１系）に準じながら、この車両の用途に合わせて歯車比を変更した車両だった。そして、この系列が、まず「東海」に充当されたことから１５３系には「東海形」という呼び名も生まれている。それは20系客車の「あさかぜ形」、１５１系の「こだま形」と並ぶもので、以降の標準型となることが約束されたものとなった。

この時代には、庶民の鉄道旅行に特急が利用されることは稀で、多くの人が急行を利用して長距離を移動した。まだ、新幹線はなく、特急にしても運転本数は限られ、利用料金も高かったのだから、急行や準急が有力な選択肢だったのである。

そのような位置づけの急行列車の車両の刷新は利用客を喜ばせ、「東海」は人気列車となった。そして、増発が続けられた結果、1961（昭和36）年10月の「さん・ろく・とお」ダイヤ改正時には、夜行便1往復を含む7往復体制となっている。この時代の「東海」は12両編成中に2両のサロ、すなわち2等車（現在のグリーン車）こそ2両が連結されているものの、あとはすべて3等車（現在の普通車）という内訳だった。新製直後の車両であるとはいえ、この車両での6時間を超える旅というのは楽ではなかったはずである。

また、この時代には、同じ東海道本線を走る153系急行に、東京～大阪運転の「なにわ」もあった。こちらはビュフェ車のサハシ153形が編成に組み込まれているので、車内で食事を摂ることも可能だ。いや、何も「東海」、「なにわ」だけではない。この時代の東海道本線東京口は、列車2本に1本は、長距離を走る優等列車という風情を見せており、何とも賑やかである。まだ、新幹線がないのだから、これも当然な話で、新幹線が飽和状態にあった東海道本線を救済するために建設されたということが頷ける。

新幹線開業後も運転が続けられた「東海」

「東海」は新幹線の開業後も運転が続けられ、1972（昭和47）年3月以降は静岡発着の列車となって、運転が続けられた。急行なのだから、停車駅は多めで、それは新幹線の駅からは離れた地域に住まう人にとって好都合だった。在来線を走る列車が極端に削減された現代の、新幹線に乗らなければどこにも行けないような鉄道と、たとえ列車の速度が遅くとも、きめの細かなサービスが展開されていた昭和中期までの鉄道と、果たしてどちらが魅力的なのか。もし、万が一にもその答えが後者であるようなことがあれば、この60年間の鉄道は何をしてきたのか?ということになる。

時代が1980年代に入ると、全国で急行列車が相次いで姿を消すようになった。数多くの急行が特急に格上げされ、それは列車の速度向上と、車両のグレードアップというサービス向上のためとも謳われたが、それが本当に利用者のための方策であったのか。それは利用者にも意見を聞いてみなければ解らない。10人の利用者に10の答えが用意されていることだろう。

最後は孤軍奮闘の様相を呈していた急行「東海」も、1996(平成8)年3月14日に特急「ワイドビュー東海」への格上げの形を採って廃止となり、373系を使用して運転された「ワイドビュー東海」も、2007(平成19)年3月18日に廃止となった。

●1957（昭和32）年10月1日、準急「東海」登場時の編成

1	2	3	4	5	6	7	8	9	10
クハ86	モハ80	サハ87	モハ80	サロ85	サロ85	モハ80	サハ87	モハ80	クハ86

●1958（昭和33）年11月1日、準急「東海」153系化時の編成

1	2	3	4	5	6	7	8	9	10	11	12
クハ153	モハ152	モハ153	サロ153	サロ153	モハ152	モハ153	クハ153	サハ153	モハ152	モハ153	クハ153

●1983（昭和）年、急行「東海」165系化時の編成

1	2	3	4	5	6	7	8	9	10	11
クハ153	モハ164	モハ165	サロ165	サロ165	モハ164	モハ165	サハ165	モハ164	モハ165	クハ165

●1996（平成8）年3月16日、特急「東海」の編成

1	2	3	4	5	6
クハ372	サハ373	クモハ373	クハ372	サハ373	クモハ373

きたぐに

運転開始：1961（昭和36）年10月1日

大阪発着で日本海縦貫線を走る急行として長く活躍。
北海道連絡の列車としても利用価値のある列車であったが、
運転区間の短縮によって、列車の性格が大きく変わった。

**なぜ区間急行へと転落したあとに、
A寝台車が設置されることになったのか？**

金沢〜新潟を結ぶショートレンジの快速急行

「きたぐに」という列車名にも、今はシニア層になった多くのファンが、さまざまな思いを抱いているのではないだろうか。気動車急行として運転を開始したこの列車は、すぐに客車急行に姿をかえ、関西圏と青森、北海道を結ぶロングランの列車として運転を続けた。後年には運転区間が短縮され、最晩年には合理化を視野に入れて電車化されるが、用いられた電車は583系で、この時代には583系までもが注目の的となっており、「きたぐに」は、再び多くの人に語られる列車となったのである。この列車の長寿が幸運なものであったのか、それとも不運であったのか。解釈は人それぞれということかもしれない。

「きたぐに」に登場は1961（昭和36）年10月。金沢と新潟を結ぶ気動車急行としての運転開始だった。使用された車両はキハ55系、またはキハ58系で、いずれにしても当時の新鋭である。この列車は上下とも、全線を5時間30分で走破しており、平均速度は特急に匹敵するものとなった。

そんな気動車急行「きたぐに」は、1963（昭和38）年4月のダイヤ改正で、西側の運転区間が大阪まで延長され、北陸本線を代表する急行に数えられるようになった。編成は4両から8両に増強され、大阪〜金沢間では七尾線に直通する急行「奥能登」が併結されて12両編成になり、風格の感じられる列車へと変貌したのである。

さらに1968（昭和43）年10月のダイヤ改正も、「きたぐに」にとっての大きな転機となった。このダイヤ改正での日本海縦貫線の目玉は、20系客車が充当されて特急列車に格上げされた「日本海」であったが、急行時代の「日本海」にも一定数の利用者があったことから、これを廃止することはなく、同じダイヤに急行列車を設定して、これを「きたぐに」と名付けたのである。

客車急行に変身した「きたぐに」

「日本海」から「きたぐに」に引き継がれたダイヤは、下り列車が大阪発20時45分、青森着18時32分。上り列車が青森発11時51分、大阪着9時22分というもので、夜行列車としては始発駅の時間帯が良く、東北地方、あるいはここからさらに北海道に足を延ばす旅行に好適な列車となった。確かに、青函連絡船への乗り継ぎに際しては、少し時間調整も必要であったろうが、それを工夫することも旅の楽しみである。それよりも、乗客を悩ませたのは、やはりこの列車の足の遅さで、下り列車であれば「秋田から先が長い」という印象を乗客に与えたのである。これは大阪~青森の距離を思えばいかんともしがたいところで、電車特急の「白鳥」でさえ、全区間を走破するにはおよそ12時間が要されたのだから、それが客車急行であれば、何をかいわんやというところであったろう。もっとも、そのような列車が設定され、利用客に選択肢を与えていたのが、古き良き時代の国鉄のスタイルだった。夜行列車や、長距離列車は、幾つもの不合理を乗せて走っているような列車である。それを採算性であるとか、マネジメントの難しさで語るのであれば、そのような列車は廃止してしまえというのが当然のこととなる。けれども、国鉄時代の運転では、そのような考え方が横行することはなかった。国鉄という組織は、確かに不愛想な組織ではあったのだろうが、表裏のない（少なくとも利用者に向かっては）組織であって、列車は決められた時間に動かすということにかけては、超一流の意識を持った組織でもあった。現代のファンが昔を懐かしむ理由は、国鉄には今の鉄道には希薄となった、凛とした姿勢があったからに違いない。

583系を使用した急行として最後の活躍

急行「きたぐに」の歴史を語る上でどうしても避けることができないのが、1972（昭和47）年11月6日に発生した北陸トンネルの火災事故である。当時、日本最長だった北陸トンネルを通過中の下り「きたぐに」で車両火災が発生。列車はトンネル内で緊急停止したが、最終的には30名の死者と、700名を超える負傷者を出した大惨事となったのである。多くの不幸な事故がそうであるように、この事故も不幸な偶然が幾つも重なってしまったために、被害が大きくなった。事故の発生を重く見た国鉄は、事故のシミュレーションを繰り返し、トンネル内の火災では列車を止めることなく出口へ向かわせるなど、それまでの規約を書き換える対策がなされた。実はこの当時、鉄道車両の火災事故は何件も発生していたが、それは幸いなことに大事に至らなかった。はずれクジが「きたぐに」に回ってきたということなのかもしれないが、当時すでに数が減りつつあった食堂車を連結して、利用客の便宜を図っていた「きたぐに」が悲劇の舞台になったのは、皮肉な巡りあわせだった。人間は、失敗からしか学ぶことができないということなのかもしれない。

　1985（昭和60）年3月ダイヤ改正で、「きたぐに」の運転区間は大阪～新潟間に改められ、使用車両も583系を使用しての夜行列車に改められた。すでにこの時代には夜行列車も、583系も貴重な存在と目されるようになっており、趣味の雑誌に採り上げられることも多くなっていた。さすがに電車の足取りは軽快で、「秋田から先が長い」というような、悠長さを感じさせることのない列車とはなっていたが、それは逆に夜行列車としては物足りなさの残るものともなっていたようである。もっとも583系が食堂車を連結し、車両基地での滞在

●1961（昭和36）年10月1日、急行「きたぐに」登場時の編成

1	2	3	4
キハ 58	キロ 28	キハ 58	キハ 82

●1968年（昭和43）年10月1日、急行「日本海」が改称され急行「きたぐに」誕生時の編成

	1	2	3	4	5	6	7	8	9	10	11	12	13
オユ 10	スロ 62	ナハ 10	オハ 46	オシ 17	ナハ 10	オハ 46	ナハフ 11	オハフ 45	オハネフ 12	スハネ 16	スハネ 16	オロネ 10	オハネフ 12

●1973年（昭和48）年10月1日、急行「きたぐに」の座席車が12系化された時の編成

		1	2	3	4	5	6	7	8	9	10	11	12
マニ 37	オユ 10	スロ 62	オハフ 13	オハ 12	オハ 12	オハ 12	オハ 12	スハフ 12	オハネフ 12	スハネ 16	オロネ 10	スハネ 16	オハネフ 12

*荷物車は大阪～金沢間で連結。8～12号車は大阪～新潟間で運転。

●1985（昭和60）年3月14日、急行「きたぐに」電車化時の編成

1	2	3	4	5	6	7	8	9	10
クハネ 581	モハネ 582	モハネ 583	モハネ 582	モハネ 583	サロ 581	サロネ 581	モハネ 582	モハネ 583	クハネ 581

時間を少しでも減らすべく、昼夜兼行の運転を続けていた時代とは異なる。大阪から新潟へ、夜行便を使ってでも移動しなければならないほど、旺盛な需要があったわけでもなかった。

そして「きたぐに」は2012（平成24）年3月17日に廃止される。電車急行「きたぐに」は、朝は通勤列車としての役割を果たし、一夜の眠りから醒めた乗客が、自分のまわりに多くの乗客が立っているのを見て驚かされるのが常となっていたが、もとより通勤客を運ぶのであれば、583系よりももっと適任の車両が、いくらでもあるのだった。

ところで、「きたぐに」を巡るエピソードの一つに、この列車に583系が充当された後からの、A寝台車の組み込みがある。

元来、581・583系にはA寝台車は作られておらず、それは居住性の高いB寝台車との差別化が難しいということも理由とされていたが、「きたぐに」に新潟に向かう代議士の利用が多く、A寝台車の連結が求められたことから、新たにサロネ581形が立ち上げられた。とかく、先生と呼ばれる人たちは、面子を重視する傾向が強いようだ。

あさかぜ

運転開始：1956(昭和31)年11月19日

九州行寝台特急の代名詞的存在となった列車。
編成中に６両のＡ寝台と１両の１等座席車を組み込んだ、
豪華編成で運転された時代もあり、
「名士列車」、「殿様列車」とも形容された。

**なぜ「殿様列車」と呼ばれるような名門が、
関門海峡も超えられなくなってしまったのか？**

推理小説の名脇役も務めた寝台列車

1956（昭和31）年11月19日の東海道本線全線電化完成時から、東京と博多を結ぶ寝台特急として運転を開始したのが特急「あさかぜ」だ。列車名は夜行列車が朝を迎えて風の中を走る爽やかなイメージに沿ったもので、この列車は、新時代を迎えた東海道本線のシンボル的存在となることが期待された。電化の完成は列車の速度向上に寄与したが、「あさかぜ」の運転開始時に問題とされたのが、東京発着のこの列車を、どのような形で関西圏を通過させるかということだった。従来の東京対九州の列車は、関西圏を利用可能な時間帯に通過することで、利用客の便宜を図ってきたが、「あさかぜ」ではこの運転方式を見直し、深夜帯に通過する駅での客扱いは行わない方針が決定された。この方策は、当然のことながら関西からの反発を招いたが、列車の速達化に寄与するものとして方針が変更されることはなかった。

「あさかぜ」の運転開始時の列車の姿は、決してスマートなものではなかった。編成中には新製されたばかりの10系客車も組み込まれていたものの、編成の半分を占めていたのは旧型客車に属する面々だったのである。

そんな「あさかぜ」の名を知らしめるのにひと役買ったのが、松本清張の出世作である小説『点と線』で、被害者が「あさかぜ」に乗り込むシーンを、犯罪の首謀者が隣のホームから見るというプロットが、その後の日本の推理小説に大きな影響を与えた。この小説の舞台の一つに北九州が選ばれたのは、清張が「土地勘のある北九州なら書ける」からであったが、運転開始から間もない「あさかぜ」の登場が、読者に遠い土地への憧れを抱かせたに違いない。この時代の寝台列車は、紛れもなく、旅の主役だったのだ。

元祖「ブルートレイン」20系客車の充当

「あさかぜ」が本領を発揮するのは、1958（昭和33）年10月のダイヤ改正からだ。夜行列車であるため、その前日の夜からこの列車に充当されたのが新たに開発された20系客車だった。「ブルートレイン」という愛称のルーツとなったこの客車は、常に編成を固定して運転するという考え方を採り入れ、それまでの客車とは別次元の居住性を確保したのである。

「ブルートレイン」の名にふさわしい濃い青の車体色は、コンペによって決められたもので、夜を通して走り通す列車に似合ったものだった。もちろん、車両が更新された後も、「あさかぜ」の運転ダイヤは基本的には変わらず、関西圏の駅での客扱いが行われなかったことから、関西在住のファンが20系の実車を見るのに苦労したという逸話も残されている。

20系客車にはすぐに「動くホテル」、あるいは「走るホテル」というキャッチフレーズもつけられた。この2つの言葉は、営業運転を開始する前から電気品を担当したメーカーなどが新聞広告に使用しており、果たしてどちらが先に生まれた言葉なのかは判然としないが、20系に対する車両メーカーの関心の高さが窺えるエピソードとなっている。

あらゆる面で従来の客車を凌駕してみせた20系であったが、その中でも憧れの的となったのが、編成中に1両が連結されるナロネ20形に設けられた1人用個室だった。

「ルーメット」とネーミングされたこの部屋は、1両に10室のみが設置され、室内には折り畳み式のベッド、補助席、収納式の洗面台などが設置された。今日でこそ、多くの夜行列車に同様の設備が設けられるようになったが、まだ「あさかぜ」の登場時には、鉄道車両に個室が設けられること自体が稀有で、その存在が知られるや、一度は乗ってみたい車両ということになったのである。

さて、その居住性であるが、今日の目から見るならば、ベッドの目前に洗面台があるレイアウトは、あまりにも狭い。「仕事帰りに自腹で乗った憧れの個室は、乗ってみると狭く、設備には失望したが、朝になって朝刊がドアに差し込まれていることに感動した」という体験談も残されており、これが本当のところなのかもしれない。それでも、「ルーメット」が組み込まれた「あさかぜ」は、紛れもなく、日本の鉄道の最高水準を備えた列車だったのである。

遅きに失した設備のグレードアップ

運転開始後の「あさかぜ」は、連日ビジネスマンで満員となる盛況をみせた。これに呼応する形で、「あさかぜ」は1968（昭和43）年10月から2往復体制に、そして1970（昭和45）年10月からは3往復体制に移行している。3往復めの「あさかぜ」は、東京～広島間に運転されていた急行「安芸」を特急に格上げし、運転区間を延長したものだった。2往復め、3往復めの「あさかぜ」は、もちろんA寝台車も連結されていたものの、その両数は少なく、やや見劣りのする存在となっていた。これに対し、「下り1号・上り3号」の「あさかぜ」には、14両の編成中に5両のA寝台と、1両の2等座席車、いわゆるロザが連結され、「殿様列車」とも形容されていたのが、この時代だった。定期列車でも、これだけの豪華列車が運転されていたのである。今日の定期特急に、これだけの趣向を凝らした列車があるだろうか。

やがて「あさかぜ」にも陰りが見える時代が訪れる。それは昭和50年代以降のことで、山陽新幹線の博多延伸、競合交通機関の台頭などによって、寝台列車の需要が急激に低下したのである。使用車両は1978(昭和53)年2月までに24系25形に改められ、1986(昭和61)年11月には4人用B個室「カルテット」を連結、同年には編成全体のグレードアップをして側面の帯を金帯に改め、その後も2人用B個室「デュエット」、1人用A個室「シングルDX」の連結や、食堂車のグレードアップも行われたが、失地を回復するには至らなかった。

惜しむらくは、この時代に行われた改革が、主にハードを改めることに主眼が置かれていたことで、サービスの在り方や、料金体系の見直しというソフト面の改革が行われていたのなら、その後の日本の寝台列車の運命も、また変わったものになっていたかもしれない。もっとも、創造性が求められる仕事を不得手とするのが、鉄道業界なのかもしれない。

「あさかぜ」は2005(平成17)年3月1日に廃止となった。最後の運転区間は東京〜広島間で、「殿様列車」と形容された時代の「あさかぜ」のイメージからはかけ離れた姿での運転となっていた。

需要の減少と、それに伴う減量を繰り返す負のスパイラルが、この列車の歩みにおいても演じられたのである。

●1956（昭和31）年11月19日、特急「あさかぜ」登場時の編成

1	2	3	4	5	6	7	8	9	10
オハニ36	ナハネ10	ナハネ10	ナハネ10	ナハ10	ナハフ10	マシ35	スロ54	マロネ40	マロネフ29

●1958年（昭和32）年10月1日、特急「あさかぜ」20系化時の編成

	1	2	3	4	5	6	7	8	9	10	11	12
マニ20	ナロネ20	ナロネ21	ナロネ21	ナロ20	ナシ20	ナハネ20	ナハネ20	ナハネ20	ナハネ20	ナハネ20	ナハ20	ナハフ20

*7〜12号車は東京〜博多間で連結。

ひかり

運転開始：1958(昭和33)年4月25日

いわずと知れた東海道・山陽新幹線を代表する列車。
長く速達タイプの列車として運転されてきたが、
「のぞみ」の登場後は、存在意義が不明瞭な列車となってしまった。

??

なぜ新幹線の代名詞のような愛称の列車が、時刻表を見ないと乗れない分かりにくい列車になったのか？

遠い昔は九州の気動車準急だった「ひかり」

「ひかり」という名前の列車が運転を開始したのは1958(昭和33)年4月のことである。知識を重ねたファンの方であれば、これが東海道新幹線の列車のものではなく、九州を走る急行であることを理解するだろう。さらに遡るのであれば、朝鮮総督府鉄道(鮮鉄)と南満洲鉄道(満鉄)で「ひかり」という列車が運転されていた時代もあった。そして、この路線では「のぞみ」という列車も運転されていたから、歴史的経緯は複雑である。が、ここでは、国内に的を絞って話を続けよう。

急行「ひかり」は博多~別府間を走る気動車急行で、当初はキハ55系6両編成で臨時列車としての運転。すぐに翌月の1日からは定期列車とされているが、さらに8月1日には準急列車に格下げされている。その理由は利用率の低迷で、ほぼ準急の倍となる急行料金が割高なものと、利用客に受け止められたことによるものといわれている。

この時代の国鉄の優等列車は、特急はまだ限られた存在であったものの、急行、準急が続々と増発されて、旅客サービスの向上が図られていた。しかし、列車数が増えると、今度は蒸機牽引の急行よりも、気動車準急の方が人気が出るなど、単に列車種別だけでは列車の格付けができない状況となっていた。それでも、輸送需要に目を向け、必要があると認められたなら、それをすぐに実行して、乗客の便宜を図る姿勢は、昭和末期以降の組織として硬直化した国鉄の姿とは、まったく別のものであった。

その後、「ひかり」は運転区間を拡大するなど、準急への格下げというつまずきを払拭する活躍をみせている。昭和30年代初頭の国鉄ローカル線は、続々と新製される気動車の投入によって、蒸機列車時代の鈍重なイメージを払拭し続けていた。明るい色に塗られた気動車は、室内にも清潔感が漂い、それが利用客に新しい時代の到来を感じさせたのである。昭和30年代という時代は、国鉄が幹線電化や、新型特急車の投入だけでなく、全国の地方ローカル線の刷新も行っていた時代だった。これより20年後の、国鉄の堕落した姿を、この時、誰が予想したことだろう。

そして、栄光の昭和30年代の最後を締めくくる出来事となったのが、東海道新幹線の開業だった。この路線で運転される速達タイプの列車には、スピード感に溢れた「ひかり」が採用されることになり、それまで「ひかり」を名乗っていた九州で運転される気動車急行は「にちりん」と「くさせんり」に名前を変える形で運転が続けられている。

長く東海道・山陽新幹線の主役を務めるが

東京と新大阪を3時間10分で結んだ東海道新幹線「ひかり」は、斜陽化産業と目されていた鉄道を救う時代の寵児となった。当時の国鉄内部に根強く残っていたとされる保守的な体質を否定し、強力なリーダーシップを発揮して新幹線の建設計画を推進した第四代国鉄総裁・十河信二が、その効用をどこまで見抜いていたのかは定かではないが、新幹線の開通後に「東海道以外に新幹線を建設したら、大変なことになる」という発言をしたとも伝えられており、「大変なこと」というのは大きな赤字を生み出すことを指している。つまり、別線による高速鉄道の建設を、相応のコストがかかるものであるということを理解しているように見える。しかし、東海道以外にも新幹線の建設は進められた。今日は四国を除く全国を新幹線が走り、残された四国についても、地元の代議士によって、新幹線を建設しようという気運が高められつつある。もしも、十河の予言が真理を語ったものであったとしたのなら、この国の鉄道はいよいよ深い淵の底へと進んでゆくことになるのかもしれないが。

ともあれ「ひかり」は東海道新幹線の主役として、この国の鉄道のシンボル的存在として成長を続けてゆく。ダイヤ改正を経るごとに運転本数は増え、編成も16両編成という形に落ち着いた。新幹線が岡山へ、博多へと延伸され、列車の走行距離が長くなるにつれ、従来の「二本立て」の運転体制では、さまざまな需要に応えられないとみなされたことから、「ひかり」は多彩な停車駅のパターンを有する列車へと姿を変えてゆく。

それはもちろん、「ひかり」の新たな

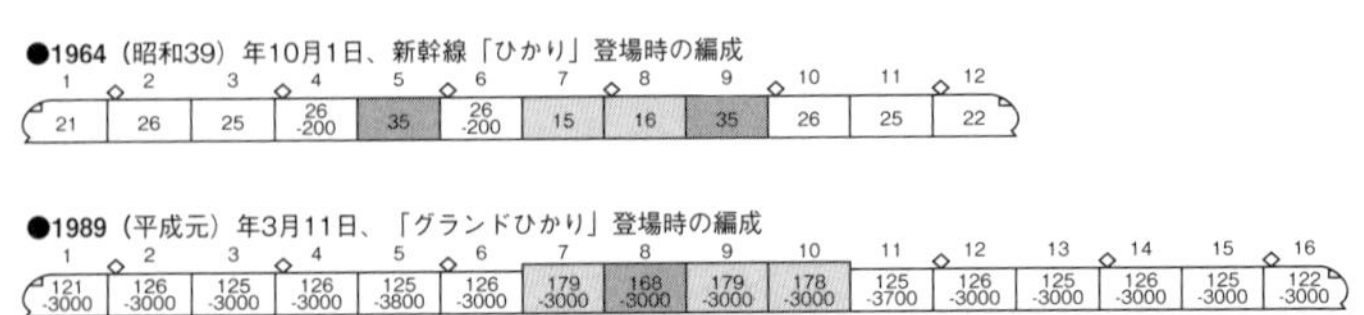

停車駅に選ばれた駅の利用客に大きな喜びを与えたが、その一方で列車速度の低下という問題をももたらし、「こだま」との区別がつかなくなった「ひかり」を、「ひだま」と揶揄したライターもいた。

列車の到達時間の遅延というのは、多分に利用者の心理によるところも大きいのだろうが、それだけに解決の難しい問題となった。もちろん、鉄道事業者の側も何も方策を施さなかったわけではなく、列車の高速化は機会あるごとに行われている。まだ運転開始からさほど日が経っていない100系新幹線が、いち早く山陽新幹線に異動したのも、最高速度220キロというこの形式のスペックが、後継となる車両の速度向上の妨げになると解釈されたことによるものだった。

中途半端な、影の薄い存在となった列車

東海道・山陽新幹線の新しい列車となる「のぞみ」が運転を開始したのは1992（平成4）年3月14日のことで、この列車は新たに開発された300系を使用して最高時速275キロでの運転を行い、東京と新大阪を2時間30分で結んだ。この所要時間は、並行する飛行機との競争に勝つために逆算して算出された

ものであった。

当初は数往復のみの運転であった「のぞみ」は、続けられた増発によって、東海道・山陽新幹線の主役に位置づけられる存在になる。

その一方で減便を余儀なくされたのが「ひかり」で、現在では東京〜新大阪間であれば、途中の新横浜、名古屋、京都以外の駅にも、いろいろなパターンで停車する、どちらつかずの存在となってしまった。彼の鉄道ライター氏の言い回しをなぞるのであれば、「のだま」となっているのが、現在の「ひかり」である。

もちろん、列車というのは人間が生活に使用するツールの一つなのだから、これを擬人化して感情移入するのは賢い方法とはいえないが、現在の「ひかり」が、あてにすることの難しい、影の薄い列車となっているのは確かなことである。

「のぞみ」登場後の「ひかり」は、列車によって各駅への到達時間が大きく異なり、東京偏重のダイヤでの運転によって、都市間移動にも使いづらい列車となってしまった。乗客への利用を訴えるのであれば、そろそろ運転体系の再整備があってもよい頃なのかもしれない。

こだま

運転開始：1958(昭和33)年11月1日

1958（昭和33）年11月から運転を開始した
国鉄初めての有料電車特急。
その後、東海道・山陽新幹線の各駅停車タイプの列車に転用。
名列車であることは間違いないが。

??

なぜ国鉄の電車時代を切り拓いた列車が、
各駅停車でのろのろ走る列車になったのか？

東海道を走る栄光の電車特急

国鉄で長く車両開発に携わり、国鉄技師長として東海道新幹線の建設にも尽力した島秀雄は、「東海道本線の全線電化が完成したら、ここにどのような列車を走らせようか」ということを、いつも考えていたという。そして島の回答となったのは、全線を走破する電車特急の運転だった。

鉄道の電化による電車列車の運転にはさまざまなメリットがあり、列車の高速化、車両重量の軽量化、運転効率の向上などが、特に日本の鉄道には適していると判断されたのである。その一方で、客室内に騒音、振動が伝播するというデメリットもあり、この一点を重視しているのだろう、ヨーロッパの鉄道では、今日においてもなお、客車列車が中・長距離の旅客輸送の中核を占めているが、日本では先に記したメリットが大きく、騒音、振動の問題は、車両を改良することで十分にカバーできると計算されたのである。

こうした経緯から運転が開始されたのが、初めての電車特急「こだま」だった。列車の愛称名は公募され、10万通近かった公募の中から、列車の高速運転にふさわしいもの、行って帰ってくる、というイメージをPRできることから「こだま」と決まった。

車両には新しく開発された151系(登場時の形式名はモハ20形)が充当され、1日2往復が設定された「こだま」は、東京~大阪・神戸間を6時間50分で走り、初めて東京と大阪の間の日帰りを可能にした。いつしかこの列車には「ビジネス特急」という呼び名も生まれ、今日のように日本語に外来語が散りばめられている時代のことではない、その新鮮な言葉の響きは、市民にこの列車への大きな期待、憧れを抱かせたはずである。

実際には、もしも東京と大阪の間をこの列車で往復すると、現地での滞在時間は2時間ほどとなり、果たしてそれだけの時間で、どれだけのビジネスができたのかは解らない。さすがにこの時代は、電話はあったのである。それでも、先端の機器というものは、登場時のスペックというのはその程度のものなのだろう。思えば、今では私たちが毎日の生活の中で当たり前のように使用しているパソコンにしても、携帯電話にしても、その登場時の力量は知れていて、それなのにずうたいはやたらと大きく、コストもべらぼうだった。それでも、人の心を強く惹きつけるものがあったから、多くの人が競走をする形で改良を繰り返し、現在の姿に変えていったのである。大切なのは、そのツールに、人の心を惹きつけるだけの、強い力が宿っているのかどうか、ということなのだろう。

東海道本線から東海道新幹線への転身

車両の初期故障の発生を見越して、通常のダイヤ改正日よりもひと月遅れで営業運転を開始した「こだま」は、この慎重策も功を奏して、大人気の列車となった。そして、在来の客車特急「つばめ」「はと」は利用率が低下し、やがてこの列車も、「こだま」と同じ151系を使用する電車特急へと改められてゆく。日本に本格的な電車運転の時代が訪れたのである。その後も「こだま」は2往復体制が維持されたが、増発される電車特急は「つばめ」「おおとり」「富士」などを名乗りながら、東海道本線をロングランする昼行特急はすべて電車によるものとなった。

しかし、151系が東海道本線を走る時代は、さほど長いものとはならず、結局その期間は6年足らずで終わっている。1964(昭和39)年10月1日に、東海道新幹線が開業したのである。東海道新幹線は、500キロあまりの路線を着工から5年半で完成させるという、鉄道の建設工事では異例ともいえる工期で完成に漕ぎつけた。それは当時の国鉄総裁であった十河信二の強烈なリーダーシップもあったが、1964(昭和39)年10月の東京オリンピックの開催までにこれを完成させ、日本の国力を世界に示したいとする、国民の願いが結実したものでもあった。戦争に負けた国が、ここまでの復興を果したということをアピールする弔い合戦の色合いも含まれていたのである。これが結局は151系の早々の転属を決定づけた。以後の151系は、山陽本線、中央本線、上越線などで運転されているが(形式番号を181系に変更した後の時代も含む)、やはり、東海道本線で活躍した時代ほど注目されることはなかった。

さて、「こだま」という列車は、東海道新幹線の開業からは、この路線を走る各駅停車タイプの列車に用いられることになった。それは速達タイプの列車につけられた「ひかり」という愛称と対をなすものであったが、もとより「こだま」という愛称名は東海道を走る列車として親しまれており、何も問題はなかった。そして、予定通り開業した東海道新幹線で、「ひかり」と「こだま」の運転が開始された。

年々影が薄まってゆく感のある「こだま」

東海道新幹線開業時のダイヤは、俗に「1―1」と呼ばれたもので、1時間あたりに「ひかり」が1本、「こだま」が1本運転されるというものであった。今日の目から見れば、ずいぶんと悠長な運転である。当時の「ひかり」の停車駅である名古屋と京都以外の駅では、ひとたび「こだま」が駅を発車すれば、次の列車が来るのは1時間後ということになり、何やらローカル線の駅を思わせる風情だが、それでも在来線「こだま」の一日2往復時代と比べれば、輸送力は飛躍的にアップしたのである。

以降「こだま」は各駅停車というスタイルを変えることなく走り続けているが、列車の高速化が進み、新しい速達タイプの列車として「のぞみ」が登場した以降は、すっかりわき役の地位に退いてしまった感がある。

「こだま」とて、その速達性は在来線の列車とは比較にならないのだが、今やすっかり閑古鳥が啼いているというのは、利用者であればだれもが知るところだろう。これまでに幾度かの活性化策が施されてきた「こだま」だが、そのどれもが功を奏したとは言い難い。本来であれば、活性化策というものは、一定の効果が表れるまで地道に続けられるべきで、それが認められないのであれば、業態そのものの形が変えられなければならないはずだが、そういうことにはならず、現在の東京~名古屋間でほぼ30分間隔の運転というのは、最大公約数ということになるのだろうが、ほとんど空気を運んでいるだけの列車の姿は、晩年の「ブルートレイン」を連想させる。今日の「こだま」は、柔軟な対応という言葉とは無縁の、鉄道会社のお堅い体質の象徴となってしたったかのようだ。

●1958（昭和33）年11月1日、電車特急「こだま」登場時の編成

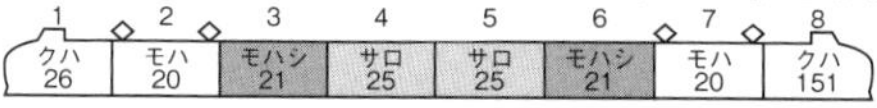

1	2	3	4	5	6	7	8
クハ 26	モハ 20	モハシ 21	サロ 25	サロ 25	モハシ 21	モハ 20	クハ 151

●1964年（昭和39）年10月1日、新幹線「こだま」登場時の編成

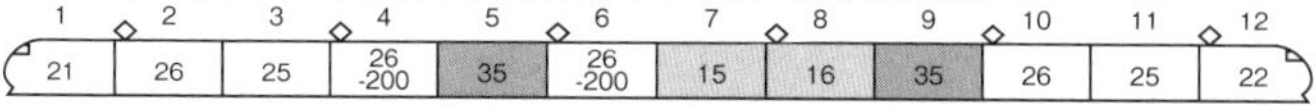

1	2	3	4	5	6	7	8	9	10	11	12
21	26	25	26-200	35	26-200	15	16	35	26	25	22

●1997年（平成9）年3月～、新幹線「こだま」4両編成

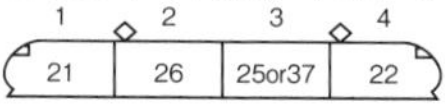

1	2	3	4
21	26	25or37	22

はつかり

運転開始：1958(昭和33)年10月10日

それまで東海道・山陽筋にしか運転されなかった特急列車が、
初めて東北筋でも運転を開始した。
その時に列車名に採られたのが「はつかり」。
そして幾つものエポックを残した。

??

**「はつかり、がっかり、事故ばっかり」と揶揄されながら、
なぜ並行ダイヤを崩すスピード運転が実現したのか？**

旧態依然としていた登場時の「はつかり」

特急列車とは限られた線区のみを走る列車で、利用できる人も限られていた…、そんな戦中・戦後の特急列車のイメージは、昭和30年代に入った後に、徐々に崩されてゆく。それまでは東海道・山陽筋、あるいはそこからさらに足を延ばして博多、長崎方面にしか運転されていなかった特急列車が、初めて東北本線にも登場したのは1958(昭和33)年10月のことで、この月の1日から運転を開始すべく準備が進められていたが、折悪く、同年の9月下旬から、台風22号が襲来したことで、特急「はつかり」の運転は、ようやく10月10日になって始められた。

「はつかり」とは、秋になって渡ってくる初めての雁にちなんだもので、日本の風土にそぐった感のあるネーミングは、多くの利用客に親しまれ、以後長い間、東北地方を走る特急の中でも随一の存在となって、運転が続けられる。

登場時の運転区間は上野～青森間で、上野～仙台間は常磐線を経由する。東北本線に比べて平坦な常磐線は、列車を高速で走らせるためには有利だった。車両には東海道・山陽特急のお下がりとでもいうべき44系客車が用いられ、車体塗色は、「はつかり」での運転に合わせて特急「あさかぜ」と同様のブルーへと改められている。もっとも、このことが大きく報じられることはなく、同じダイヤ改正で運転を開始した20系「あさかぜ」のインパクトがあまりにも大きかったのである。そのような意味で、運転開始時の「はつかり」は、少しばかり不遇なものとなってしまった。この時に列車を牽引したのは、上野～仙台間がＣ62形、仙台～盛岡間がＣ61形、盛岡～青森間がＣ61形＋Ｃ60形という陣容で、牽引役が旧態依然とした蒸気機関車であったことも、「はつかり」の期待値を下げてしまう理由の一つだったに違いない。人はいつの時代にあっても、新しいものに期待を寄せたがる生き物なのだから。

新形式車の投入が裏目に出た気動車特急「はつかり」

「はつかり」に最初の転機が訪れたのは、運転が開始されてから2年後のことで、１９６０（昭和25）年12月10日から、「はつかり」は気動車特急に姿を変えた。充当されたのはキハ80系（あるいはキハ81系とも）と呼ばれる、わが国初めての特急形気動車であった。

この系列は、同じ1960（昭和35）年12月から東京で開催されたアジア鉄道首脳者会議（ARC／Asian Railways Conference）に間に合わせるべく、およそ半年あまりという鉄道車両としては異例ともいえる短期間で開発されたと伝えられている。この無理がたたったということなのだろう、営業運転を開始したキハ81系は初期故障を続発させ、マスコミから「事故ばっかり」と叩かれてしまった。

鉄道車両に限らず、あらゆる機械、車両等に初期故障は付き物で、それを解っているはずなのに、揶揄を繰り返したマスコミも、「木鐸」などという言葉は到底似合わない存在であったのかもしれない。これが今日であればどうなっていたことだろう。事故の発生がたちまちのうちにSNSにアップされ、もしかしたら動画までが拡散されてしまう。多くのネットワーカーがこれを批難し、しかしその一方で事故の発生に理解を示すグループが現れるという図式が思い浮かぶか、両方向の意見が挙げられるのであれば、今の時代は昭和30年代初頭よりは幸せな時代であるということがいえるのかもしれない。

キハ81系は、登場翌年の1961（昭和36）年には、後継車種にあたるキハ82系が登場して安定した成績を収めた（ただし、本系列でも初期故障は発生している）

ことからクループ総計で26両が製作されたのみで終わったが、その後は思いのほか長寿を誇り、全車が廃車にはったのは1979(昭和54)年のこととなった。

このような経緯から、何かと評判の悪かったキハ81系であったが、「はつかり」が、もっとも脚光を浴びていたのは、実はこの気動車特急の時代であったのかもしれない。

黄金期を経て凋落を辿った電車特急「はつかり」

「はつかり」は、1968(昭和43)年10月1日の「よん・さん・とお」ダイヤ改正から、電車特急に変身した。このダイヤ改正の目玉となったのが、東北本線の全線電化と複線化で、「はつかり」には寝台電車583系が充当され、その姿が「時刻表」の表紙を飾っている。

電車特急に姿を変えた「はつかり」は、その後徐々に運転本数を増やして、1978(昭和53)年10月には6往復体制での運転が行われている。それは、まだ新幹線が開業する前の東北本線での代表的特急と呼ぶべきもので、「はつかり」にとっても、この時代もまた黄金期と呼ぶべき期間であった。1973(昭和48)年

10月からは、485系も「はつかり」に充当され、2系列の電車を用いての運転が行われている。

東北本線を代表する特急となり、増発が実施された後の「はつかり」は、すべての列車が同一の所要時間で走る、「並行ダイヤ」での運転が行われたが、ただし1M「はつかり3号」だけは、上野～仙台間の所要時間が3分短く、これは1Mという列車の存在感を示すものと解釈することができた。今日と異なる、特急に風格が湛えられていた時代の一コマである。

やがて「はつかり」にも、凋落の時代が訪れる。それはもちろん、新幹線の開

●1958（昭和33）年10月10日、特急「はつかり」登場時の編成

1	2	3	4	5	6	7	8
スハニ 35	スハ 44	スハ 44	スハ 44	マシ 35	ナロ 10	ナロ 10	スハフ 43

●1960（昭和35）年12月10日、特急「はつかり」気動車化時の編成

1	2	3	4	5	6	7	8	9
キハ 81	キロ 80	キロ 80	キサシ 80	キハ 80	キハ 80	キハ 80	キハ 80	キハ 81

●1968（昭和43）年10月1日、特急「はつかり」電車化時の編成

1	2	3	4	5	6	7	8	9	10	11	12	13
クハネ 581	サロ 581	モハネ 582	モハネ 583	モハネ 582	モハネ 583	サシ 581	モハネ 582	モハネ 583	モハネ 582	モハネ 583	サハネ 581	クハネ 581

●2000（平成12）年12月3日、特急「スーパーはつかり」登場時の編成

1	2	3	4	5	6
クハ E751	モハE750 -100	モハE751 -100	モハE750 -100	モハ E751	クロハ E750

業によってもたらされたもので、１９８２（昭和57）年11月15日の上越新幹線の開業に合わせて行われた本格的なダイヤ改正によって、「はつかり」は東北新幹線に接続して盛岡～青森間を走る連絡特急に姿を変えたのである。この時代も「はつかり」の使用車両は５８３系と４８５系で変わりはなかったものの、列車によっては６両という短い編成で運転されたものもあり、それは往年の「はつかり」とはかけ離れたものであった。そして、新幹線の延伸と共に「はつかり」の運転区間は短縮され、２００２（平成14）年12月1日に廃止となる。東北新幹線が全線開業を果たしたのである。

その後、２０１１（平成23）年３月15日から、東北新幹線で、従来の「やまびこ」の上を行く新しい速達列車の運転が開始されることになって愛称名が公募され、得票第一位は「はつかり」となった。それはもちろん、この列車が長く東北地方の代表を務めてきたことを多くの人が知っており、列車名復活の願いが込められたものでもあった。しかし、「はつかり」が採用されることはなく、新しい列車に用いられた名称は「はやぶさ」であった。

やまびこ

運転開始：1959(昭和34)年2月1日

福島と盛岡の間を走る準急として運転を開始。
その後、上野と盛岡の間を走る昼行特急に変身して存在感を発揮。
東北新幹線の開業に際して、
この速達列車となる出世ぶりをみせた。

??

なぜ東北特急街道のなかでも影が薄いのに、
東北新幹線の速達列車の愛称に抜擢されたのか？

東北の3都市を巡る気動車準急として誕生

この列車も登場時の姿は気動車準急だった。新製間もないキハ55系が充当され、運転区間は福島〜盛岡間。すなわち、首都圏との連絡は考えず、東北地方の主要都市、福島、仙台、盛岡を結ぶ優等列車としての運転で、古い時代からの慣習に囚われない運転方式の採用にも、小回りの利く気動車の誕生が大きく寄与したのである。この時代には首都圏にはオレンジ色の新型電車が登場し、東京と大阪を3時間で結ぶ高速鉄道の建設計画もアナウンスされている。東京から離れた地方においても、いつまでも旧型の車両ばかりを動かしているわけにはいかなかったのだろう。2月1日の運転開始というのも国鉄の習慣からは逸脱したもので、それも東北の厳しい季節での運転開始が興味深いが、恐らくはこの時点でようやくさまざまな準備が整い、待望の優等列車の誕生という運びになったのだろう。

1往復の「やまびこ」の運転ダイヤは、下りが福島発7時55分、盛岡着12時40分。上りが盛岡発15時40分、福島着20時35分というもので、福島を中心にとらえたビジネスユースの列車という性格が色濃い。蒸気列車時代とは格段に異なるスピードと、スマートな車両の姿はすぐに評判になったに違いない。すぐに沿線の各都市から運転区間の延長を望む声が挙げられたとみえて、翌年の6月1日には南側の運転区間が郡山まで延長され、さらにその翌年、すなわち1961（昭和36）年10月1日からは北側の運転区間が青森まで延長された。これで「やまびこ」の運転区間は郡山〜青森間ということになり、登場時とは列車の性格が異なったことが想像できるが、当時の気動車準急には、それだけの魅力、神通力が備わっていたことが窺える。そんな人気列車「やまびこ」も、1963（昭和38）年10月1日に廃止されてしまう。この日に東北本線の電化区間が仙台に達し、運転系統が改められた結果であった。東北本線仙台以南は電車列車が主力となり、郡山と青森を結ぶ気動車列車は運転を継続する必要がなくなったのである。

盛岡発着の電車特急に変身

1965（昭和40）年10月1日。東北本線の電化区間は盛岡に達した。この時に、上野と盛岡を結ぶ電車特急1往復が新設され、この列車は、それまで上野と盛岡・秋田を結んでいた気動車特急「つばさ」の盛岡行き編成を独立させて電車化したもので、愛称名に「やまびこ」が与えられた。運転ダイヤは下りが上野発14時00分発、盛岡着21時05分。上りが盛岡発8時50分、上野着16時00分というもので、さすがにこの距離となると、同一の列車での日帰り往復という設定はできなかったものの、そもそもが500キロ以上離れたこの2つの都市を、昼行特急で移動できるようになったことが大きな進歩だった。続く1967（昭和42）年10月からは運転区間が東京〜盛岡に改められ、1968（昭和43）年10月イヤ改正からはスピードアップもなされて、東京〜盛岡間が6時間20分で結ばれるようになっている。

いま、東北新幹線は、東京と盛岡の間を最短2時間20分で結んでいる。その3倍を要する道のりは、とても遠いものに感じられるが、列車の速度向上こそ積み重ねの成果であり、それぞれの時代の人々にとっては、驚きの連続であったに違いない。この時代の東北本線の姿を収めた記録映像には、「やまびこは、上野と盛岡の間を、わずか6時間あまりで結んでいます」とアナウンスしているものがあり、隔世の感がありはするものの、当時の人々にとっては誇張のない言葉であったことだろう。

「やまびこ」は、やがて増発が繰り返されるようになり、1972（昭和47）年10

月には5往復体制にまで成長している。盛岡という首都圏からは離れた都市にも、それだけの輸送需要があったということになり、日本の好景気の時代の姿が懐かしく思われる記録となっている。この時代、東北本線を代表する特急は上野～仙台間に多数が設定されて「エル特急」の呼び名もつけられていた「ひばり」であり、青森への列車として「はつかり」も健在。そして客車列車による寝台特急も運転されていたのだから、その活況が驚くばかりである。東北本線の保守が追い付かず、激しく揺れながら走る「ひばり」の姿がテレビ番組に紹介されたのもこの時代のことで、この状況からするならば、東北新幹線の建設は、決して過剰投資とはならないということにはなるのだが。

東北新幹線の速達タイプの列車となった「やまびこ」

首都圏から北に延びる新幹線として、東北新幹線が開業したのは1982（昭和57）年6月23日のことで、この日から「やまびこ」は、この新しい高速鉄道の速達タイプの列車の愛称名に採用された。この開業は暫定的なもので、開業区間は大宮～盛岡間。大宮以南は工事の遅れから開業が遅れ、その対策として上野～大宮間に「新幹線リレー号」が運転されて、新幹線利用客の便宜が図られた。また、当初は東北新幹線と同日の開業が目論まれていた上越新幹線の工事も遅れ、この開業は同年の11月15日にまでずれ込むことになる。これらの工事の遅れは、両新幹線の沿線に広がる山がちな地形も一因であったが、新幹線の建設に反対の意を示していた住民のコンセンサスを得ることに多大な時間が要されたことも一因となった。東海道新幹線の建設が、半ば国民の総意のような形で進められたことで、着工から5年半という短期間で完成に漕ぎつけたのに対し、東北・上越新幹線の建設の時代には、住民の意識に大き

●1965（昭和40）年10月1日、特急「やまびこ」登場時の編成

1	2	3	4	5	6	7	8	9	10
クハ481	モハ482	モハ483	サロ481	サシ481	モハ482	モハ483	モハ482	モハ483	クハ481

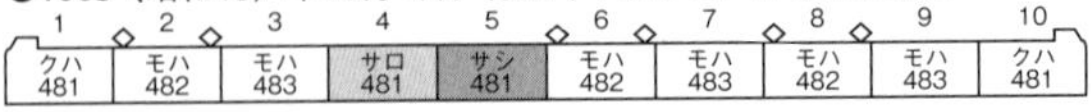

●1982年（昭和57）年6月23日、新幹線「やまびこ」登場時の編成

1	2	3	4	5	6	7	8	9	10	11	12
221	226	225	226	225	226	215	226	237	226	225	222

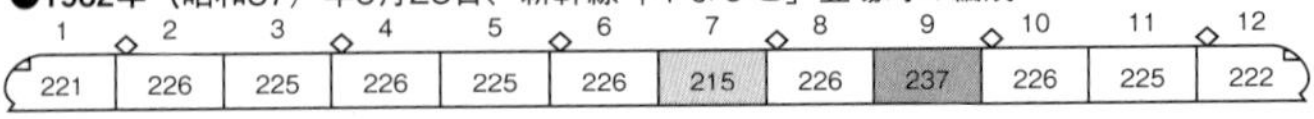

な変化が生じていたのである。

暫定開業時の「やまびこ」の運転本数は5往復のみ。仙台までを走る各駅停車タイプの「あおば」も6往復のみの運転だった。その後、「あおば」は廃止されて、各駅停車タイプの列車は「なすの」の愛称が用いられるようになったが、「やまびこ」は健在である。ただし、2011（平成23）年3月15日には、最高300キロ運転を行う「はやぶさ」が登場し、2013（平成25）年3月16日からは一部の「はやぶさ」の最高速度が320km／hに引き上げられるなどして、今は「はやぶさ」が東北新幹線の主役となり、「やまびこ」はやや影の薄い存在となっているのが現状である。

そんな東北新幹線は、2022（令和4）年6月に開業40周年を迎えた。大宮〜盛岡間の東北新幹線暫定開業時に「良いものはできたが、金がかかり過ぎた」といったのは、当時国鉄総裁を務めていた高木文雄だが、その金がかかった高速鉄道も、今という時代ではかつての輝きが失われているように思われてならない。そして、「やまびこ」が、東海道・山陽新幹線の「こだま」のような存在になってしまったら、それもまた淋しい話である。

八甲田

運転開始：1958（昭和33）年10月10日

盛岡と大鰐の間を走るローカルカラーの強い気動車準急として登場。
昭和36年10月からは東北本線の夜行急行となり、
北海道連絡の有力なチャンネルとなって若者に親しまれた。

**なぜ接続もあまり良くなくスピードも速くないのに
北海道を目指す若者たちから愛される列車だったのか？**

青森地区に登場した気動車準急

今はシニア層に仲間入りした人たちが、まだ若き日の北海道旅行に不可欠の存在としていたのが、上野駅13番線発の夜行急行「八甲田」だった。「八甲田」が上野と青森の間を走る唯一の夜行急行となったのは１９８５（昭和60）年のことで、だからもう、40年近く昔のこととなる。

東北地方を代表する18もの連峰からなる山を愛称名に抱いたこの列車が運転を開始したのは１９５９（昭和34）年7月のことである。盛岡と大鰐の間を青森経由で結ぶ気動車準急としての運転開始で、ターミナル駅としての性格が強いはずの青森をスルーする運転形態は準急時代の「白鳥」を思わせるが、これは青森を境界とする両方向に輸送需要があり、それを一つに結ぶ形で列車が設定されたというべきなのだろう。

この時代の「八甲田」は、昼行列車として盛岡と大鰐の間を4時間ほどで結んだが、下り列車は盛岡を夕方に発車し、上り列車は大鰐を早朝に発車するという設定は、地域のビジネスユースに沿ったもので、東京対北海道を意識して設定された東北本線の多くの優等列車では満たすことのできない輸送需要に対応したのである。

昭和30年代の初めから中頃にかけては、全国に気動車の配備が進み、旧来の蒸気列車が続々と置き換えられていた時代だった。その多くは俗に10系気動車とも呼ばれるグループの新製投入によるもので、今からみると随分と非力なこの気動車のグループは、しかし、総括制御、すなわち一つの運転台から複数のエンジンを制御することを可能にし、それは気動車の可能性を飛躍的に高めたのである。

そして、気動車準急のブームが起こった。新製直後の気動車が、清潔で明るく、乗客を機関車が吐き出す煙にもまかなかったことから好評を得たことは当然の成り行きとして、さらに気動車列車は、運転と保守の面でも、現場の負担を大いに軽減したのである。気動車列車であれば、終着駅で機関車の機回しを行う必要もなく、運転の高い技術も必要としない。整備の手間も格段の差がある。

全国的なブームを背景にして、今度は各地で気動車の投入を望む声が国鉄に寄せられるようになったのだろう。この時代には古い時代の遺物であるかのような機械式気動車を用いて運転される準急まであったというから、ブームの大きさが窺える。そんな時代に東北の北の端で運転が開始されたのが「八甲田」だった。

夜行急行に変身した「八甲田」

「八甲田」の転機となったのは、1961（昭和36）年10月のことである。このダイヤ改正で、それまでの「八甲田」の受け持ちであった大鰐～盛岡間の連絡は、同じ準急として運転される「しもきた」に譲り、「八甲田」は、上野～青森間運転の夜行急行として運転されることになった。私たちの知る「八甲田」の原型がここに生まれたのである。

　夜行急行となった「八甲田」の編成は、新製車であるナハ11形が組み込まれる一

●1959（昭和34）年7月1日、準急「八甲田」登場時の編成

1	2	3
キハ26	キハ26	キハ26

●1961（昭和36）年10月1日、急行「八甲田」再登場時の編成

	1	2	3	4	5	6	7	8	9	10	11	12
マニ	オロネ10	オロ61	オロ61	スハネ30	ナハ11	ナハ11	ナハ11	スハフ42	スハ43	スハフ42	スハ43	スハフ42

●1975（昭和50）年3月10日、急行「八甲田」にワサフとオユを連結した編成

		1	2	3	4	5	6	7	8	9	10	11
ワサフ8000	オユ10	スハフ42	スロ62	スハ43	スハ43	スハ43	ナハ11	ナハ11	スハ43	スハフ42	スハ43	スハフ42

*10・11号車は上野～仙台で連結。

方で、旧型客車の範疇に含まれるスハ43系客車や、木造客車の台枠を利用して鋼製の車体を新製したオロ60形も組み込まれていて、いかにも寄せ集め所帯といった風情の混結ぶりだった。もっとも、それが昭和30年代の客車列車の姿であり、この時代に編成美を誇れる客車列車は20系のみであったといえるだろう。つまり、客車列車とは、その時に使用できる車両を随時連結して組成するというのが基本的な考え方だった。今、古い時代の客車編成表を見返すと、形式名は入らず、単に「スハ」「オハ」とだけ書かれているものがあるが、これは国鉄の基準がそれだけのことしか定めていなかったということである。その不規則性もまた、ファンにとっては客車列車の魅力に数えられていた。

さて、晴れて夜行急行となった「八甲田」だが、この時の運転時刻は下り列車が上野発15時10分、青森着5時16分というもので、もちろん北海道連絡が視野に入れられているのは間違いのないところだが、上野発がいささか早く、決して使い勝手が良いというわけではなかったようだ。これが今日であれば、新幹線で追いかけるという手もあるのだが、昭和30年代であれば、そのような芸当もできない。この時代の「八甲田」は、少なくとも首都圏では、あまり乗車率が高くない列車となっていたようである。

それからもう一つ、この時代から昭和40年代後半までの東北本線急行を巡るエピソードに、ＥＦ57形の存在があった。１９４０（昭和15）年から、旅客用として15両が製作されたこの機関車は、東海道本線で特急「つばめ」、「はと」を牽引するなど、当時の最高水準の機関車として活躍したが、昭和中期には全機が宇都宮機関区に集結していたのである。東北本線に数多く残されていた客車列車の牽引は、この機関車の最後の花道とでも呼ぶべき場所で、殊に「八甲田」などの優等列車が被写体としてファンから歓迎された。しかし、この運用にはＥＦ58形が入ることもあって、待ち構えていた列車がＥＦ58形牽引であることを知ったファンは、カメラのシャッターを切らなかったという。ずいぶんと勿体ない話のようであるが、東北本線を走る急行列車は、ファンにとってそれほど崇高な存在だったのである。

最晩年は14系座席車で組成された「八甲田」

１９６８（昭和43）年10月の「よん・さん・とお」ダイヤ改正では、「八甲田」

に昼行の1往復が編入され、この列車にはキハ58系が充当されたが、わずか2年でこの列車は姿を消し、「八甲田」はまた、夜行1往復の体制に戻った。1985（昭和60）年3月のダイヤ改正からは、この「八甲田」が上野～青森間の唯一の急行となり、この時代は下り列車が上野発21時14分、青森着が9時08分となって、いかにも夜行列車らしい時間帯の列車ということで、ファンからも大いに歓迎されたのである。

しかし、これが「八甲田」の最後の晴れ姿となってしまった。東北・北海道の旅は、新幹線や、特急利用が効率的な時代となったのである。「八甲田」は1993（平成5）年12月のダイヤ改正で姿を消した。全国で夜行列車が続々と姿を消してゆく中で、「八甲田」は最後まで頑張った列車となったのである。

しかし、多くのファンが思い出す「八甲田」の姿は、14系座席車で組成された最晩年のものではなく、雑多な形式で組成され、何となく薄暗い雰囲気の上野駅13番線で発車を待つ姿なのである。「八甲田」で長い旅をした人の若き日の思い出が、そのシーンに凝縮されているのだろう。

白鳥

運転開始：1960(昭和35)年12月28日

気動車準急として誕生し、「さん・ろく・とお」ダイヤ改正から、
日本海縦貫線を代表する特急に変身。
日本一長い距離を走る昼行特急として名を馳せたが、
運転系統の見直しによって消滅した。

??

**なぜ主要都市を厳選して停車する特急が、
山間の寒村で停車することになったのか？**

秋田と鮫を結んだ気動車準急「白鳥」

「白鳥」という名前の列車が登場したのは1960（昭和35）年の年末のこと。途中で青森を経由して秋田と鮫を結ぶ、興味深い経路を走る気動車準急としての運転開始だった。誕生時の運転ダイヤは秋田7時30分発、青森着10時53分、鮫着13時00分。復路が鮫発15時40分、青森発17時43分、秋田着21時05分というもので、つまりこの列車は、秋田〜青森間と、青森〜鮫間の2系統の列車を1編成の列車でまかなうという、運用効率の良い列車であった。まさか、秋田から鮫に通うためにこの列車を利用した人はいないだろうが、秋田から青森方面に向かう場合にしても、青森駅の先に目的地がある場合だってあるだろうから、そのような際には重宝する列車となったに違いない。

国鉄の全盛期には、このような運転は各地で行われており、例えば「最長鈍行」という呼び名で親しまれた門司発福知山行きの普通列車にしても、これを全線乗り通すのは、完乗を目的とするファンだけで、この列車は朝の通勤の列車、閑散時間帯を走るのどかな列車、夕方の帰宅のための列車というような、いくつもの性格を、違う場所で備えていたということである。

そこへ行くと現代の列車は走行距離の短いものが多く、それはダイヤの乱れなどに柔軟に対応できる可能性があるが、乗り換えのための時間のロスなどもあって、利用者にとって利便性の高い運転法とは必ずしもいい切れない部分がある。あちらを立てれば…、というのが列車ダイヤの避けられない宿命ではあるものの、現代の鉄道のダイヤには、柔軟性の欠如が感じられることも多々ある。

このように、初代「白鳥」はキハ55系気動車を使用して運転されたわけが、翌年の10月に、同名の列車の性格は、それまでとは大きく変わることになる。

新鋭気動車を使用した「2階建て」特急に

北東北を走る気動車準急だった「白鳥」の姿は、「さん・ろく・とお」の愛称で親しまれた1961(昭和36)年10月のダイヤ改正で大きく変わった。第2代「白鳥」は、このダイヤ改正からの運転開始を想定して開発された新鋭気動車キハ82系を使用した特急となり、大阪〜青森・上野間の運転となった。西のターミナルが大阪であることは当然の選択だろうが、反対側のターミナルの青森と上野は大きく離れている。実はこの時の「白鳥」は、キハ82系の6両基本編成2編成併結して大阪を発車し、直江津で編成を分割して1編成が青森に向かい、1編成が上野に向かったのである。復路はその逆のパターン。12両編成で走る大阪〜直江津間では、編成中に食堂車2両が組み込まれるという贅沢な編成となっていた。直江津〜上野間を走る「白鳥」は、信越本線で初めての特急だった。この「白鳥」を利用して東京と大阪の間を移動した利用客はいなかったことだろう。気動車特急「白鳥」は、複数の運用の列車を一つに結んだ形の列車だったのである。キハ82系には、この形式が初めて充当された列車の名前にちなんで、「白鳥形」という呼び名も生まれた。

ところで、「白鳥」の運転が開始された時、ちょっとした現場の行き違いから、「白鳥」が走る区間のある駅で、もめごとが起こったことがあった。その舞台となったのは、北陸本線の能生駅で、この駅で実施される運転停車（乗客の乗り降りは行われず、運転ダイヤを円滑に遂行するための駅への停車）が、通常の停車と地元住民に勘違いされ、地元の駅に特急が停車するようになったことを大喜びしていたところ、実際に新ダイヤが実施されると、それは列車の扉が開くことのない停車であったことから、失望した住民が国鉄に抗議する事態となった。しかし、能生駅が特急の停車駅に加えられることもなく、事態はさらに紛糾したのだった。これが今日であれば、小さな駅に特急が停車することも珍しくはないのだが、昔日の国鉄特急の位置づけが窺えるエピソードとなったのである。

北海道連絡には人気薄だった列車

大阪から青森と上野の両方に向かう列車という、興味深いスタイルで運転を開始した「白鳥」だったが、運転開始から4年後となる1965（昭和40）年10月ダイヤ改正によって従来の上野行き「白鳥」は、上野〜金沢間運転の特急「はくたか」に姿を変える形で消滅し、さらに1972（昭和47）年10月2日には大阪〜青森間の全線電化が完成したことから、「白鳥」は使用車両を485系に改め、単独編成で大阪と青森を結ぶ電車特急となった。途中で白新線を経由し、停車駅に新潟が加えられたのもこの時からである。

「白鳥」は、青森で青函連絡船との連絡も果たしているが、この列車に北海道連絡という色合いはやや希薄で、それは昼行の列車でありながら片道で13時間超という所要時間がネックになっていたからなのかもしれない。大阪から青森まで到達するのに、1日が費やされてしまうのである。この列車は関西からの北海道旅行を主眼に設定されていたわけではなく、昼行特急として日本最長を走るという性格も、列車が廃止されるまで変わらなかった。

1982(昭和57)年11月15日からは「白鳥」は2往復体制へと移行し、サービスの拡充が図られたが、この運転はおよそ2年半の後に終了してしまう。やはりそれだけの需要はなかったということになるのだろうが、この時代には競合交通機関の台頭もあり、利用者にとっての

●1961(昭和36)年10月1日、特急「白鳥」登場時の編成

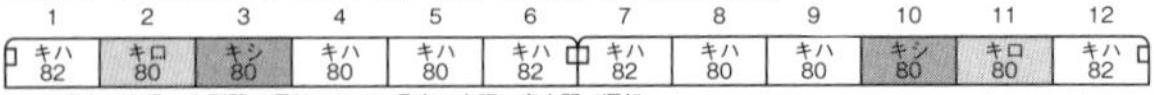

1	2	3	4	5	6	7	8	9	10	11	12
キハ82	キロ80	キシ80	キハ80	キハ80	キハ82	キハ82	キハ80	キハ80	キシ80	キロ80	キハ82

*1～6号車は大阪～上野間で運転。7～12号車は大阪～青森間で運転。

●1965(昭和40)年10月1日、特急「はくたか」独立後の特急「白鳥」編成

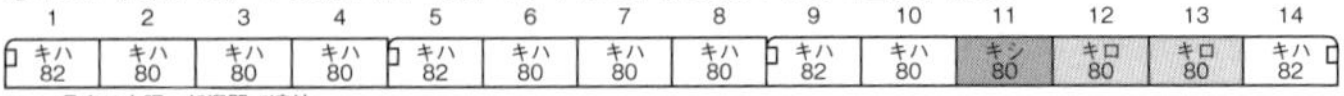

1	2	3	4	5	6	7	8	9	10	11	12	13	14
キハ82	キハ80	キハ80	キハ80	キハ82	キハ80	キハ80	キハ80	キハ82	キハ80	キシ80	キロ80	キロ80	キハ82

*1～4号車は大阪～新潟間で連結。

●1972(昭和47)年9月30日、特急「白鳥」電車化時の編成

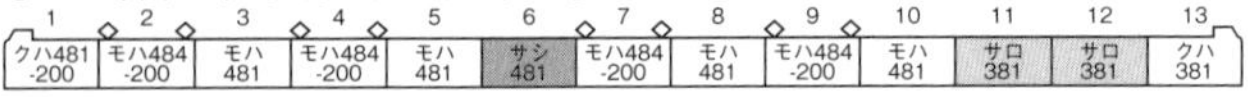

1	2	3	4	5	6	7	8	9	10	11	12	13
クハ481-200	モハ484-200	モハ481	モハ484-200	モハ481	サシ481	モハ484-200	モハ481	モハ484-200	モハ481	サロ381	サロ381	クハ381

●2002(平成14)年12月1日、特急「スーパー白鳥」登場時の編成

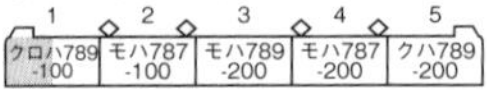

1	2	3	4	5
クロハ789-100	モハ787-100	モハ789-200	モハ787-200	クハ789-200

移動手段が多彩になっていた。そして、長く運転が続けられてきた「白鳥」も、2001（平成13）年3月3日に廃止される。それはやはり、一つの時代の終焉を象徴する出来事といっても良いのかもしれない。翌年12月1日からは「白鳥」を名乗る特急が八戸・青森～函館間に登場し、これは東北新幹線との連絡を図ったフィーダー特急としての運転で、往年の「白鳥」とはずいぶん性格が異なる列車だった。そして、この「白鳥」も2016（平成28）年3月22日の北海道新幹線の開業と共に姿を消している。かつて「白鳥」がロングランをした日本海縦貫線も、北陸新幹線の金沢延伸後は、並行在来線の第三セクター鉄道への転換が実施され、大阪と新潟を直通する列車も皆無となった。かつて「白鳥」の停車問題で話題になった能生駅は、今はえちごトキめき鉄道の観光急行が停車し、地元住民も使いやすい駅になっている。

金星

運転開始：1961(昭和36)年3月1日

昭和30年代半ばに東海道本線の夜行列車として誕生。
後年には名古屋対九州の夜行列車として存在を発揮した。
この列車も新幹線の延伸によって利用価値が下がり、姿を消した。

??

特定の地域に根差すことのない愛称名を冠した列車は、
なぜ器用貧乏なままに終わってしまったのか？

電車を使用した夜行急行として運転を開始

かつては全国を走っていた夜行列車。列車が夜を徹して走り、目的地に早朝に到着できるという設定は一日を有効に使う意味で利便性が高く、確かに通常のベッドで眠るよりも寝不足になる傾向がありはしたものの、それもどこか旅の楽しみに数えられ、普段は見ることができない深夜の情景を窓から見ることができるのも、この列車を選んだものの特権であった。黎明期の鉄道では、長距離を走る列車は、必ずどこかで夜を迎えなければならなかったが、殊更に夜行であることが意識されることはなかったわけだが、鉄道が発達するにつれ、列車内で夜をいかに快適に過ごすかに、さまざまな工夫が凝らされることになる。

けれども、現代の鉄道は、世界の多くの地域で夜行列車は退潮傾向にある。リーズナブルな料金で利用できる宿泊施設が台頭すれば、もとより居住性では太刀打ちできない夜行列車は、旅行者の選択肢から外されていったのである。

それでも、夜行列車がこのまま絶滅してしまって良いのだろうか？ この列車には、旅情であるとか、文化であるとかの言葉を用いずとも、人間が道具として使い続けるべき何かが備わっているようにも思われる。もっとも、その解釈は、私たちの次世代、次々世代の人間に委ねられた仕事となりはするのだが。

さて、日本の夜行列車が飛躍的に数を増やしていったのは、やはり昭和30年代のことである。それは新しいスタイルの追求などといったエレガントな理由ではなく、増え続ける需要に追われる形で、半ば当たり前のものとして設定が続けられていった。

「金星」という列車も、そのようにして生まれた。運転が開始されたのは1961(昭和36)年3月のことで、運転区間は東京~大阪間。増え続ける需要

●1961(昭和36)年3月1日、急行「金星」登場時の編成

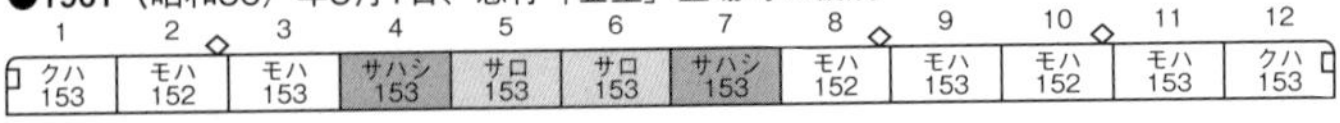

1	2	3	4	5	6	7	8	9	10	11	12
クハ 153	モハ 152	モハ 153	サハシ 153	サロ 153	サロ 153	サハシ 153	モハ 152	モハ 153	モハ 152	モハ 153	クハ 153

●1968(昭和43)年10月1日、特急「金星」登場時の編成

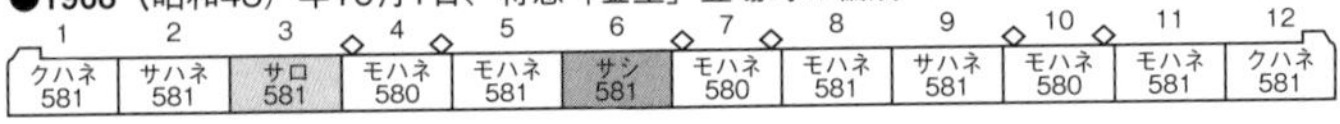

1	2	3	4	5	6	7	8	9	10	11	12
クハネ 581	サハネ 581	サロ 581	モハネ 580	モハネ 581	サシ 581	モハネ 580	モハネ 581	サハネ 581	モハネ 580	モハネ 581	クハネ 581

に対応するべく、この列車は電車を使用して運転された。すなわち、駅に到着した昼行急行の「なにわ」「せっつ」を、そのまま折り返し、夜行急行「金星」として運転したのである。もちろん、編成はそのままで、12両編成の中に2両のサハシ153形もそのまま組み込まれていた。こうして運転が開始された「金星」は、日本で初めての電車による夜行急行となったのである。

客車使用の夜行列車に変身

こうして運転が開始された「金星」だが、電車を使用して運転された期間は短かった。運転開始から半年あまりが経過した後の、1961（昭和36）年10月ダイヤ改正からは、スハネ30形などを使用して組成された客車急行へと変身したのである。

客車急行となった「金星」は、12両編成として運転され、見た目には堂々とした姿であったものの、ユニークだったのはこの列車の東京～京都間で、下りは団体観光列車が、上りは急行「出雲」が併結されていたことで、「金星」そのものは6両の座席車のみで編成されていたのである。何やら鉄道模型の列車を思わせる短い編成は、取りようによっては何とも貧相だが、もとより救済列車の性格を帯びて登場した列車であり、このような運転方法が柔軟なものと解釈もできる。臨機応変に編成替えができることは客車列車の大きなアドバンテージで、この特質は現代の鉄道でももっと評価されてよい。確かに編成の固定化にはさまざまなメリットがあるが、現代の技術で、その裏に潜むデメリットを解消してゆくことができるなら、客車はもっと魅力的なツールとして蘇ることができるはずだ。

1965(昭和40)年10月のダイヤ改正で、「金星」は、再び姿を変える。客車急行としての運転はそのままであったが、運転区間は大阪~富山間となり、ダイヤ改正前の急行「つるぎ」の運転ダイヤを踏襲する形で運転が続けられたのである。つまり、「つるぎ」が名前を変えて運転され続けたと解釈すべきコンバートで、使用車両も旧型客車のスハネ30形と、新型の10系客車を組み合わせての運転だった。このダイヤ改正で、「つるぎ」は電車急行へと姿を変えている。

北陸本線を走る「金星」は8両編成の、オール寝台車で組成された夜行急行となった。使用されたのはスハネ30形と10系客車で、混結編成だった時代よりも編成は短くなったが、見栄えの方はだいぶ良くなったようである。

寝台電車を使用した夜行特急に変身

地域、風土などに由来する愛称名でなかったことが幸いしたのか、「金星」は登場時とはまったく性格の異なる列車に姿を変えて運転が続けられたが、同様の転属がもう一回繰り返される。

１９６８（昭和43）年10月１日の「よん・さん・とお」ダイヤ改正から、「金星」は名古屋〜博多間運転の寝台特急に格上げされた。使用車両は５８３系で、最先端の車両が充当されての転進であった。

寝台特急「金星」のダイヤは、下りが名古屋発22時42分、博多着10時05分。上りが博多発18時50分、名古屋着６時15分で、実に使いやすい設定となっている。名古屋発の時間が遅く設定されているので、首都圏から新幹線を利用して名古屋で乗り継ぐという利用法もあった。その場合は、東京発20時30分の「ひかり53号」に乗車すればよく、これであれば東京で働くビジネスマンも余裕をもって会社を出ることができるはずである。すなわち「金星」は、名古屋を拠点と考えて設定された夜行列車で、東京と大阪の真ん中あたりにあることから、長距離列車が中途半端な時間に通過することも少なかった中京圏に住まう人々を大いに喜ばせたのである。速達性が担保された寝台電車には、このような運転方法がもっとも適していたはずで、581・583系の晩年への、何やら冷たいあしらいが改めて惜しまれる。もっとも、その時代には一昼夜のうちに相当な距離を走ってしまう寝台電車は、十分に償却を果たしていたことにはなるが。

こうして、山陽本線で新鋭の寝台電車を使用しての運転が開始された「金星」だったが、山陽新幹線が博多延伸を果たした後は存在価値が希薄になり、新幹線博多延伸後も運転が続けられたものの、結局は1982（昭和57）年11月15日から臨時列車へと格下げになり、その後はほとんど運転される機会が少ないまま、姿を消してしまった。

最晩年には不遇な境地に甘んじることになってしまった「金星」だが、東海道本線、北陸本線、山陽本線というそれぞれの持ち場で、興味深い運転を繰り広げることができたのは、やはり「金星」という愛称名の賜物であったのかもしれない。

おおぞら

運転開始：1961（昭和36）年10月1日

北海道を走る初めての特急として「さん・ろく・とお」で運転を開始。
道央と道東を結ぶ列車として不動の地位を築いたが、
近年は存在価値が低下。行く末が案じられる存在となった。

??

なぜ北海道を縦断する長距離特急は、
短く細切れな姿になってしまったのか？

北海道でも新しい主役となったキハ82系

1956（昭和31）年11月19日の東海道本線全線電化完成に始まる、国鉄昭和30年代の栄光の時代は、1964（昭和39）年10月1日の東海道新幹線の開業によって、ひとつの区切りを迎えるが、昭和30年代半ばにあっても、全国の幹線で全線を電化完成させたのは他にはなく、東海道本線と地方の幹線には大きな格差があったのが実情だった。

この格差を解消させ、地方の幹線にも相応の輸送力を備えさせ、全国規模での列車の速達化が画策されたのが、俗に「さん・ろく・とお」と呼ばれるダイヤ改正だった。ファンの間で語られる戦後の国鉄白紙ダイヤ改正には、このほかに「よん・さん・とお」と呼ばれる1968（昭和43）年10月1日のダイヤ改正があるが、こと輸送体系を一から作り直すという点においては、「さん・ろく・とお」の方が、深い意義が備わっていたように見受けられる。

「さん・ろく・とお」で遂行された方策の一つが、全国への特急運転網の形成で、それまでは特急列車とは無縁のように見受けられた地方の路線にもピカピカの車体の特急の運転が始められた。とはいっても、全国のほとんどの幹線がまだ非電化だったわけだから、新ダイヤからの運転の主役は特急形の気動車だった。すなわち、キハ82系である。

北海道を走る特急も、このダイヤ改正によって運転が開始された。それが「おおぞら」で、使用車両はキハ82系である。運転区間は函館〜旭川間で、長万部からは千歳線を経由して札幌に向かう。下り列車の列車番号は1D。函館発は4時55分という早さだが、これは青森港発0時10分、函館港着4時35分の青函連絡船1便との連絡を図ったもの。さらに青函連絡船1便は、青森港で、青森着3時55分の特急「はつかり」1Dと、青森着23時50分の特急「白鳥」2001Dと接続しており、この1D(あるいは2001D)↓1便↓1Dと乗り継ぐルートが、当時の本州対北海道のメインルートと捉えられていた。本州発の2本の列車との接続便となるのだから、「おおぞら」の需要は高く、10両編成での運転だった。

このようなルート設定が可能になったのも、キハ82系が誕生した賜物ということになるが、もしも大阪から旭川までこのルートで旅するのであれば、途中に青函連絡船4時間の「小休止」があったとはいえ、あとはひたすらキハ82系に乗っていなければならず、その乗り心地はいかばかりだったろう。それはもちろん、上野発の旅行者にとっても同様で、この時代の「はつかり」1Dはキハ81系使用なのだから、状況に大きな変わりはない。

そのように、特急列車とて一種の密閉的な環境にあり、列車の速度も今日の列車と比較すれば雲泥の差があった。だからこそ、当時の特急車には、必ずといってよいほど食堂車が連結されていたわけだが、編成中にロビーカーのようなフリースペースを設置する発想は、この当時はまだない。飛行機が高嶺の花である以上、誰もが函館を玄関として北海道の旅を始めた。もっとも、そのような「ゲート」が存在していたからこそ、誰の心にも北海道の旅が、強烈な思い出となって刻みこまれたのである。北海道は遠いところだったのだ。

「おおぞら」にも時代の波が押し寄せる

運転開始から1年後の1962(昭和37)、「おおぞら」の運転区間は、函館〜旭川・釧路へと改められ、編成を11両に増強。1〜6号車が函館〜釧路間の、7〜11号車が函館〜旭川間の運転となっている。「おおぞら」の釧路への延長運転は、当初から要望が出されていたものであり、運転開始から1年経っての運転区間延長であった。これによって「おおぞら」は釧路発着の特急となり、このスタイルがその後も継承されてゆく。

それにしても、この新ダイヤで上野または大阪から、釧路まで列車を乗り通した人もいたことだろう。この当時の「おおぞら」の釧路着は15時25分である。2001D「白鳥」の大阪発は8時15分だから、釧路までの所要時間は31時間10分。大旅行である。今日の飛行機の所要時間と比べてはいけない。元々、鉄道旅行とはそういうものであり、国民のほとんどが、これを当然のことと受け止め、様々な工夫をして時を過ごしたのである。

1972（昭和47）年3月のダイヤ改正から、「おおぞら」は3往復体制に移行するなど、堅調な動きを見せていたが、時代が昭和50年代を迎えると、いささか様相が変わってくる。航空機の利用が広く普及し始めたのが、この時期だったのである。鉄道の輸送需要の低下は、もちろん飛行機の運賃の低廉化が大きな理由であったが、国民の生活様式の変化によるところも大きかった。消費のスタイルが変わったのである。この時代には、誰もが少しでも安く旅に出るのではなく、使うべきお金は使うべきという考え方が広まるようになった。飛行機を使って現地に向かい、車中泊ではなくホテルを利用する。そうすることで、快適な環境と、時間の節約ができる。そう考える人が増え、旧来の料金体系、運転方式を変更することのない鉄道は、魅力の乏しい移動手段となったのである。もちろん、旧来の考え方をする人もいたが、二極分化が進んだ。昭和50年代はそういう時代だった。

運転体系が大きく変わった「おおぞら」

1981(昭和56)年10月1日には石勝線が開業し、北海道の鉄道の運転体系は大きく変わった。「おおぞら」は同線を経由して走り、札幌〜釧路間の所要時間は6時間を切るスピードアップを果たしたが、この時代には、北海道の玄関口は千歳空港になり、函館発着の「おおぞら」は1往復に減便されている。北海道の玄関が明確に千歳空港へとシフトしたのである。1985(昭和60)年3月14日には、札幌〜釧路間運転の昼行急行「まりも」が特急に格上げされる形で「おおぞら」に吸収されるなど、以後は運転系統の整理が続き、1986(昭和61)年11月ダイヤ改正からは「おおぞら」は7往復体制となり、1993(平成5)年3月ダイヤ改正からは、夜行の「まりも」統合して、「おおぞら」に1往復の夜行便も生まれた。

現在、札幌〜釧路間には6往復の「おおぞら」が設定されている。北海道を横断する特急として極端な減便がないのは喜ばしい限りだが、近年に相次いだ事故や、乗客サービスの廃止を見ていると、北海道の特急が決して安泰ではないことを感じることができる。2030年の北海道新幹線の札幌延伸よりも早く、北海道の鉄道に変革の時代が訪れることがあるのかもしれない。

●**1961**（昭和36）年10月1日、特急「おおぞら」登場時の編成

1	2	3	4	5	6	7	8	9	10
キハ 82	キロ 80	キシ 80	キハ 80	キハ 80	キハ 82	キハ 80	キハ 80	キハ 80	キハ 82

*7〜10号車は函館〜札幌間で連結。

●**1980**（昭和55）年2月1日、特急「おおぞら」にキハ183系投入時の編成

増1	1	2	3	4	6	7	8	9	13
キハ183 -900	キハ182 -900	キハ182 -900	キハ182 -900	キハ182 -900	キロ182 -900	キハ184 -900	キハ182 -900	キハ182 -900	クハ 381

●**1997**（平成9）年3月22日、特急「スーパーおおぞら」登場時の編成

1	2	3	4	5	6
キハ 283	キハ282 -100	キロ 282	キハ 282	キハ282 -100	キハ 283

*7〜10号車は函館〜札幌間で連結。

とき

運転開始：1962(昭和37)年6月10日

上越線経由で上野と新潟を結ぶべく運転を開始。
列車名の由来が解りやすく、
上越新幹線の列車としても親しまれたが、
上越新幹線列車名の二転三転によって、存在感がやや希薄になった。

**なぜもっとも愛された愛称なのに、
２度の消滅の憂き目に遭わされたのか？**

「こだま形」電車でなければならない

上越線を経由して上野と新潟を結ぶ特急「とき」の運転が開始されたのは、1962（昭和37）年6月10日のことだった。この日に信越本線長岡〜新潟間の電化が完成したことで、上野〜新潟間の電気運転が可能になったのである。電車による特急の運転は、東海道・山陽筋での運転に次ぐものであった。

上越線が山越えをする路線であることから、ここを走る列車は在来の特急型電車の歯車比を変えて勾配対策とした161系が充当されることになり、車体のスタイリングについても、新しいものが検討されていたというが、一説には新潟県を地盤とする有力代議士が、新しい特急はどうしても「こだま形」でなければならないと強い要望を寄せてきたことから161系も「こだま形」151系と同様のボンネットスタイルの先頭形状を備えるものに変更し、ただし識別のための赤帯が先頭部に追加された。

列車名は佐渡島に生息する天然記念物の朱鷺に採り、親しみやすいものとするため、これを平仮名で表記することになった。

運転開始時の「とき」は1往復のみの設定で、下りが上野発16時50分、新潟着21時30分。上りが新潟発8時30分、上野着13時10分という設定で、登場時の特急「こだま」を思わせるような、新潟を拠点とするビジネスユース向きの設定となっている。これも登場時の「こだま」と同じように、「とき」での日帰り往復では、東京の滞在時間はわずかなものとなり、実際のビジネスは難しかっただろうものの、新潟の人にとっては「とき」の誕生は大きな喜びとなっただろうし、誇りにもなったことだろう。

上信国境で深い山の中を走る上越線は、開通も近代化も遅れた路線で、全線の開業は1931（昭和6）年9月1日。この時には急行列車1往復が設定された。初めて愛称名付きの急行が運転されたのは1950（昭和25）年のことで、金沢経由、上野〜大阪間運転の急行「北陸」を運転。この列車はオハ35系を主体にして組成された客車列車だった。

181系最後の働き場所となった上越線特急

1往復で運転を開始した「とき」が、初めて運転本数を増やしたのは1965（昭和40）年3月のことで、他の路線の優等列車の運転状況と比較すれば、やはり発展のテンポはゆっくりとしたものであったが、その後は順調に運転本数を増やしてゆく。やはりこの背景には、日本の経済の好調があったのだろう。１９６９（昭和44）年10月からは、「とき」は5往復体制へと移行している。また、同じ上野〜新潟間には、「とき」を補完する役割を果たすべく急行「佐渡」が運転されており、こちらは夜行便を含む7往復体制が敷かれていた。

もちろん、この時代には並行する自動車道はなく、旅をする人のほとんどが「とき」や「佐渡」を利用していたことになるが、それにしても目を見張るばかりの活況である。「とき」の増発はその後も続けられ、最終的には１９７８（昭和53）年10月ダイヤ改正以降の14往復体制が全盛期となった。このダイヤでは、「とき」は日中はほぼ1時間間隔での運転となっており、在来線特急としては出色ともいえる状況となっている。

またこの時代になると、一世を風靡した「こだま形」電車も徐々に老朽化が目立つようになり、１９７４（昭和49）年12月からは、１８３系電車が投入されて、在来の「こだま形」１８１系（１５１系を改造した車両、１６１系を改造した車両、当初から181系として製作された車両などで形成された系列）と共通運用を組んで運転されるようになった。時代が昭和50年代後半になると、高崎線、上越線などで181系「とき」の姿をカメラに収めるファンが増えるようになり、これは181系の将来の全廃を見越しての活動であった。また、これは笑い話ではあるものの、この時代はスキーブームも過熱していた時代で、上越線沿線にはゲレンデが多く、その中には上越線を俯瞰できる場所も多かったことから、遥かゲレンデの頂上近くから、貴重な存在となった181系の俯瞰写真を撮るファンもいた。こうなると、スキーに行ったのか、撮影に行ったのかははっきりとしないが、印象的な1枚の撮影に成功したファンは、大いに自慢をしていたものだった。当時は特急の頻繁運転が行われるようになっていたとはいえ、風が強いであろう山の頂上近くで、じっと列車を待ち続けるのは、大変なことであったに違いない。

そして、上越線の「とき」にも終焉が訪れる。上越新幹線開業前日の、1982（昭和57）年（昭和57）年11月14日が、在来線を走る「とき」の最終日となり、「とき」での運転の終了をもって、181系電車の営業運転もすべて終了したのである。

上越新幹線での愛称名消滅と復活

1982(昭和57)年11月15日に、上越新幹線大宮〜新潟間が開業した。両駅の間は最短1時間50分で結ばれ、新幹線の速度感を、開業早々に現地を訪れた取材陣は、「国境の長〜〜いトンネルを抜けると新潟だった」と形容した。新幹線という高速鉄道の速達性が改めて知らしめられたのである。

この開業から「とき」は、上越新幹線各駅停車タイプの列車の愛称名に用いられた。事前の愛称名公募では、「とき」は断トツの1位だったというが、国際保護鳥となっている朱鷺の微妙な立場に配

●1962（昭和37）年6月10日、特急「とき」登場時の編成

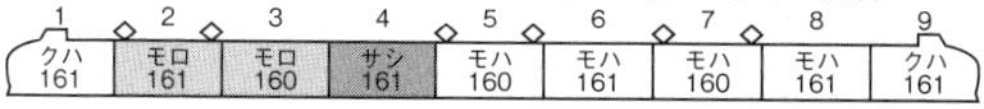

1	2	3	4	5	6	7	8	9
クハ161	モロ161	モロ160	サシ161	モハ160	モハ161	モハ160	モハ161	クハ161

●1974（昭和49）年12月28日、特急「とき」に183系投入時の編成

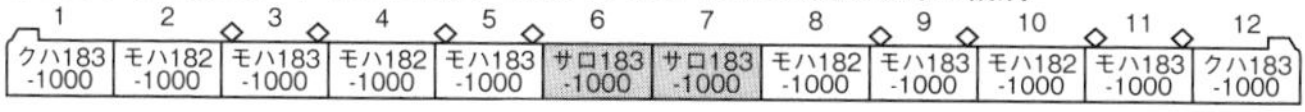

1	2	3	4	5	6	7	8	9	10	11	12
クハ183-1000	モハ182-1000	モハ183-1000	モハ182-1000	モハ183-1000	サロ183-1000	サロ183-1000	モハ182-1000	モハ183-1000	モハ182-1000	モハ183-1000	クハ183-1000

●1982年（昭和57）年11月15日、新幹線「とき」登場時の編成

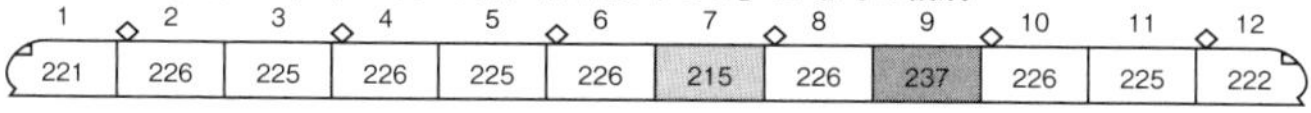

1	2	3	4	5	6	7	8	9	10	11	12
221	226	225	226	225	226	215	226	237	226	225	222

慮したものともいわれ、速達タイプの列車には「あさひ」が用いられている。そして、上越新幹線での「とき」の運転は、1997(平成9)年9月に、一度消滅している。

このように、何故か損な役回りに甘んじていた感のあった「とき」だが、長野行新幹線が開業して、「あさま」の運転が開始されると、上越新幹線の「あさひ」との判別が難しいという問題が起こり、乗客の誤乗までが報告されるようになると、愛称名の変更が現実味を帯びるようになった。もちろん、新潟の住民をはじめとして、「とき」という愛称名に愛着を持つ人は多く、たびあるごとに「とき」の復活を望む声が挙げられていたのである。この動きを受けて、上越新幹線に「とき」の愛称名が復活。それは2002(平成14)年12月1日のことであった。列車名の「とき」は、利用者によって保護されたというところだろうか。

はくつる

運転開始：1964(昭和39)年10月1日

東北本線経由で運転される上野～青森間運転の寝台特急。
以後、列車の役割は変わることなく廃止に至るまで
同じルートを走り続けた、
伝統を備える列車としては稀有な存在となった。

??

なぜ上野発の特急列車に 宇都宮からぞろぞろ客が乗り込んできたのか？

東北の伝統急行を特急に格上げ

日本を走った数ある寝台列車の中で、特急「はくつる」の誕生は遅く、１９６４（昭和39）年10月に運転が開始された。それは東海道新幹線の開業と同時のことで、東海道・山陽筋を走る優等列車が、この先に新幹線によってどんどん駆逐されてゆくだろう状況の中での誕生であった。もちろん、東海道新幹線が開業した後に、さらなる新幹線の延伸があったとしても、この列車が走る東北地方に新幹線が誕生するのは相当に先のことと予想されていたはずだから、先行きが見えつつある中での運転開始ということにはならない。１９６４（昭和39）年末期のこの時代には、日本の経済はまだ発展の途上にあり、欧米の先進国との間には、まだ相当な開きがある。なおも生活水準の向上が求められていた時代だった。

「はくつる」は、東北地方を走る列車の中で、初めて20系客車が投入された列車だった。１９５８（昭和33）年に登場し、列車が営業運転を開始する前から「動くホテル」「走るホテル」という呼び名もつけられ、市民の憧れの的となっていたこの車両は、まだこの時点では神通力を失ってはおらず、新しく登場した「はくつる」の格付けを決定的なものにしたのである。

「はくつる」は、北海道連絡にも利便性が高い列車として東北本線を走っていた急行「北上」を、特急に格上げする形で登場した列車だった。まだ終戦から間もない時期に、東北本線の看板列車となっていたのが、昼行急行の「きたかみ」と夜行急行の「北斗」で、全国的に見ても優等列車が数少なかった時代に青函連絡船との連絡も図り、インフラの整備が十分に進まない中で、この2本の列車は最大限の利便性を提供し続けていたのである。

そして「きたかみ」は、1961(昭和36)年10月のダイヤ改正で夜行列車へと姿を変え、愛称名も「きたかみ」から「北上」へと変更

●1964（昭和39）年10月1日、特急「はくつる」誕生時の編成

	1	2	3	4	5	6	7	8	9	10
カニ 21	ナロネ 21	ナシ 20	ナハネ 20	ナハネ 20	ナハネ 20	ナハネ 20	ナハネ 20	ナハネ 21	ナハ 20	ナハフ 20

*7～11号車は東京～出雲市間で連結。

●1968（昭和43）年10月1日、特急「はくつる」電車化時の編成

1	2	3	4	5	6	7	8	9	10	11	12	13
クハネ 581	サロ 581	モハネ 582	モハネ 583	モハネ 582	モハネ 583	サシ 581	モハネ 582	モハネ 583	モハネ 582	モハネ 583	サハネ 581	クハネ 581

●1994（平成6）年12月3日、特急「はくつる」再客車化時の編成

1	2	3	4	5	6	7	8	9	10	11	
オハネフ 25	オハネ 25	オハネ 25	オハネ 25	オハネ 25	オハネ 25	オハネフ 25	オハネ 25	オハネ 25	オロネ 25	オハネ 25	カニ 24

されて、運転が続けられていた。特急に格上げされる直前の「北上」は、10系寝台車で編成された編成端にスロフ53形が連結されたこの時代の典型的な客車急行のスタイルで、車両の20系への置き換え、特急への格上げは、この時代の典型的なサービス向上の手法をなぞったものであった。

函館発の特急「おおとり」に接続

こうして20系化された「はくつる」であったが、これで列車の近代化が達成されたわけではなかった。まだこの時点では東北本線は仙台以北が非電化で、上野～黒磯間がＥＦ58形、黒磯～仙台間がＥＤ71形、仙台～盛岡間がＣ61形、仙台～青森間がＣ60形＋Ｃ61形という具合に、牽引機が目まぐるしく交換されていたのである。石炭以上に水の間断ない補給が求められた蒸気機関車の交換もやむを得ないところで、度重なる機関車の交換は列車の平均速度を低下させたことだろう。交直両用の機関車が電化区間を直通して走る現代からは想像が難しい、遠い昔の鉄道の情景である。もっとも、趣味的に見るのであれば、このような姿で運転された客車列車こそ、大きな魅力を宿らせていたようにも感じられる。

20系化直後の「はくつる」の運転ダイヤは、下りが上野発18時20分、青森着6時10分。上りが青森発22時40分、上野着10時20分というもので、使いやすい時間帯の運転となっている。これであれば、青函連絡船の乗り継ぎのために睡眠が妨げられることもなく、欲をいうのであれば、上り列車の上野着をもう少し早めたいところであるが、これは無理な話で、その時間帯の上野口には朝の通勤電車が殺到しており、ここに悠々と走る遠来の寝台特急を割り込ませることはできない相談だった。いきおい、上り寝台列車の終着駅への到着はラッシュが始まる前の早朝か、ラッシュが終わった後の少し遅めの時間ということになり、これは東海道東京口であれ、あるいは特急「北斗星」や「カシオペア」が走るようになった現代であれ、変わることはなかった。

そして20系「はくつる」列車番号3列車は、下りであれば青函連絡船3便に接続し、3便は函館で、網走・釧路行特急「おおとり」と、これより少し遅れて発車する稚内行き急行「宗谷」に接続する。このルート設定も十分に魅力的で、「はくつる」と「おおとり」の接続は、青函トンネルが開通するまで堅持されてゆく。

実はこのような密度の高いダイヤが組まれていたために、定時運航の順守に苦心させられていたのが青函連絡船の乗組員で、彼らもまた鉄道員と同じ心持ちで、ブリッジから見える灯台や、岬の形を参考にして、定時運航を続けていたという。もしも、列車に遅れが生じた時は、「対岸の列車」の発車を遅らせることがないよう、海の上で回復運転を続ける。エンジンの回転数に気を配りながら、遅れを取り戻した時の達成感はひとしおであったというが、だからといって、それを誰も褒めてくれないという状況も、鉄道員と変わりはなかったという。

電車化、そして再度の客車化を実施

1968(昭和43)年10月のダイヤ改正で、「はくつる」は583系を使用した電車特急に変身する。これは列車の近代化を進める上で当然の流れであった。晩年には批判の的にさらされた583系も、寝台に関しては20系客車とは別格の居住性を備えており、運転速度も向上できる。20系から583系への使用車両の変更は、サービス改善の重要なポイントとなっていたのである。「はくつる」に使用された583系には食堂車も連結されていたが、せっかくのこの設備は、あまり利用客を集めるには至らなかった。足の速い寝台電車は、始発駅を遅い時間に出発し、朝早くに終着駅に到着できる。いきおい、乗客が食事をできる時間は限られたものになるという皮肉な巡り合わせがあったのである。

ＪＲの誕生からしばらく後の１９９４(平成６)年12月ダイヤ改正で、「はくつる」は再び24系客車を使用した客車列車に姿を変えた。この時代の「はくつる」は全区間をＥＦ81形が牽引したが、編成はA寝台車１両のみが組み込まれた11両編成で、もちろんのこと、食堂車の連結もなかった。それは全盛期の寝台列車とはまったく趣の異なったものとなっていたのである。そして「はくつる」は、２００２(平成14)年11月30日に廃止された。比較的遅くまで運転が続けられた寝台列車だった。

全盛期の「はくつる」は、宇都宮からの下り列車への乗車も多かったという。それはこの駅の手前で、列車が午前０時を迎えるためで、宇都宮からの乗車は周遊券の有効期間を１日稼ぐのに有効な手段だったのである。そんな「旅の猛者」たちが北海道に向かう時に、好んで選んだのが東北本線を走る列車で、常磐線、奥羽本線を走る列車は、脇役となるのが常だった。それは実益の乏しいこだわりに過ぎなかったはずだが、そんな細かな所に、当時の旅人のひたむきな思いが見え隠れしているようだ。

あかつき

運転開始：1958(昭和33)年10月1日

いかにも夜行列車のものらしい愛称の列車。
長く東海道の主要列車を補完する列車として運転され、
後年は関西対九州の夜行列車に変身。
しかし、新幹線の延伸で不要の存在に。

なぜ同じ列車が１日に２回も同じ駅を通過するという推理小説ばりの運転が行われたのか？

東海道本線に登場した臨時夜行急行

いかにも夜行列車にふさわしい名前を抱いたこの列車が登場したのは1958（昭和33）年10月のことで、東京と大阪の間を走る不定期急行としての運転開始だった。

このダイヤ改正では、特急「あさかぜ」が20系化を果たして利用客を驚かせ、1か月後の11月1日からは、国鉄で初めての有料電車特急として「こだま」の運転が始まる。「こだま」の登場がダイヤ改正から1か月遅らされたのは、初期故障の発生を恐れての措置だったといわれる。幸いなことに、ひと月の習熟運転の間には、いくつかのマイナートラブルが発生して対策が施されたといい、国鉄の目論見は見事に成功したのだった。

さて、「あかつき」が運転を開始した時点では、まだ「こだま」も運転されていなかった時なのだから、東海道を走る優等列車は慢性的な混雑に悩まされていた。そこで、これを救済することを目的として、臨時夜行急行「あかつき」が設定されたのである。

臨時急行「あかつき」は13両編成。スハ43系客車を使用したオール座席車の編成で、2両のみロザ、すなわち2等座席車が組み込まれている。何やら古色蒼然と形容したくなる編成だが、この時代の東海道本線の輸送はすでに飽和状態となっており、同様の列車が多数運転され、急場がしのがれていたのである。東海道新幹線の生みの親ともいわれる第四代国鉄総裁十河信二は、国鉄の部内になおも根強かった新幹線建設への疑問が再燃することのないよう、非常に慎重に建設計画を進めている。しかし、もしも新幹線の建設計画が反対派の俎上に上がり、そのまま沙汰闇となってしまったとしたら、日本の鉄道は、どんな姿になっていたことだろう

新幹線開業。「あかつき」は西へ

1961（昭和36）年10月のダイヤ改正で、運転体系が整ったと判断されたのか、「あかつき」は一旦廃止されている。しかし、翌1962（昭和37）年6月10日にはすぐに復活を果たし、この時の「あかつき」は、14両編成中の12両を寝台車とした不定期急行として運転された。この時代はとにかく東海道本線の輸送力が不

足していたということだろう、寝台車を多数連結した「あかつき」は好評を博し、同年の10月1日には晴れて定期列車へと格上げされている。しかし、この時代の動きはめまぐるしく、東海道新幹線が開業した1964(昭和39)年10月1日に「あかつき」は再び廃止され、そしてこの翌年の1965年10月1日から、今度は新大阪〜西鹿児島・長崎間運転の寝台特急として、20系客車が充当されて復活したのだった。

東海道新幹線の開業によって、東海道本線、山陽本線の輸送体系は大きく変わり、東海道本線を走る昼行特急は全廃となり、夜行列車も運転本数が大きく減らされている。ただし、この時に新設された寝台列車もあり、急行「高千穂」「桜島」のように、運転体制が維持されたものもあった。東海道新幹線は在来線の列車とは別次元の高い輸送力を備えていたが、まだこの時点ではそれを活用する十分なノウハウが国鉄の内部に備わっていなかったということもあるのだろう。

山陽本線はこの時にようやく全線電化を完成させ、これを活かす形で昼行の優等列車が大増発され、東海道本線に次ぐ地位を明確にする。東海道本線で走っていた幾つもの昼行特急が、今度は新大阪をターミナルとして西へと走り、それには「つばめ」「はと」といった名門列車と呼ばれる列車も多数含まれていた。

一方、夜行列車については、新幹線開業時には大規模な変更はなく、この翌年の10月1日に運転が開始された列車があり、その一つが「あかつき」で、新たに新大阪〜西鹿児島・長崎間の寝台特急として、20系客車を充当しての運転が始められている。再びの「あかつき」の変身だった。

大阪対九州の寝台特急として名を馳せる

新大阪をターミナルとして、南九州、西九州に向かう寝台列車は、博多を有効時間帯に通過することに重きを置かず、あくまでも目的地に早い時間帯に到着することを主眼にして運転時間が設定された。もしも博多を有効時間帯に収めようとするならば、それは昼行列車利用と大差のない時間帯での運転ということになり、夜行列車のアドバンテージが失われるのである。そして、新大阪発の夜行列車は、東京を拠点にするビジネスマンにとっても魅力的な新しいチャンネルとなった。午後発の新幹線で西に向かい、新大阪から寝台列車を利用すれば、東京発の寝台列車利用では不可能な、早朝の現地到着が可能になったのである。ちなみに、

「あかつき」の西鹿児島着は10時33分、長崎着は7時45分で、同時期の東京発着の列車は、「はやぶさ」の西鹿児島着は15時53分、「さくら」の長崎着は12時15分だった。

　こうして活用法が見つけられた寝台列車群は以降増発が繰り返された。もっとも、車内の雰囲気は、東京発着の寝台列車とは幾分異なっていたようで、「東京発の列車はフォーマルな恰好をしたビジネスマンが食堂車で夕食を摂っていたのに対し、新大阪発の列車では、ランニングシャツで寝台に腰掛け、駅弁を食べているビジネスマンが少なからずいた」という、当時の利用者の証言もあって、こ

●1958（昭和33）年10月1日、急行「あかつき」登場時の編成

1	2	3	4	5	6	7	8	9	10	11	12	13
スハフ 42	スロ 51	オロ 36	スハ 43	スハ 43	スハ 43	スハ 43	スハ 43	スハ 43	スハ 43	スハ 43	スハ 43	スハフ 42

●1965年（昭和40）年10月1日、特急「あかつき」誕生時の編成

	1	2	3	4	5	6	7	8	9	10	11	12	13	14
マニ20 (カニ21)	ナロネ 21	ナハネ 20	ナハネ 20	ナハネ 20	ナハネ 20	ナシ 21	ナハフ 21	ナロネ 21	ナハネ 20	ナハネ 20	ナハネ 20	ナハネ 20	ナハネ 20	ナハネフ 20

*1～7号車は新大阪～西鹿児島間で運転。8～14号車は新大阪～長崎間で運転。鳥栖～長崎間では電源車としてマヤ20形を連結。

●1990年（平成2）年12月3日、特急「あかつき」の編成

1	2	3	4	5	6	7	8	9	10	11	12	13	14
オハ14 300	オハネ 15	スハネフ 15	オハネ 15	オハネ 15	オハネ 15	オハネ 15	スハネフ 15	スハネフ 15	オハネ 15	オハネ 15	オハネ 15	オハネ 15	スハネフ 15

*1～8号車は京都～長崎間で運転。9～14号車は京都～佐世保間で運転。鳥

れは良し悪しの問題ではなく、関東と関西の気風の違いというものなのだろう。そんな雰囲気の関西発の寝台列車には、他の地域を走る列車にはない活気が宿っていたのである。

「あかつき」の運転の愁眉とも呼びたいのが、1978（昭和53）年10月からの筑豊本線への乗り入れで、「3号」が門司で分割・併合を行い、1編成が鹿児島本線を、1編成が筑豊本線を走った。さて面白いのはここからで、両編成は鳥栖で再び合流し、しかし、ここで併合は行わず、半ば続行運転に近い形で肥前山口までを走り、そこから長崎行きと、佐世保行きに分かれた。鳥栖、佐賀、肥前山口では、2本の列車がどちらも「あかつき3号」を名乗った。これで困らなかったのは、さほど利用客がいなかったからなのか、今では詳細は藪の中である。そんな「あかつき」の運転は、1975（昭和50）年3月の山陽新幹線博多延伸後も続けられたが、列車は結局、2008（平成20）年3月15日に廃止となった。

あけぼの

運転開始：1962(昭和37)年7月15日

奥羽本線を走る夜行列車として親しまれる。
最後の20系夜行列車となるなど、近代化の遅れた列車だったが、
それゆえに希少な存在としてファンに愛される一面もあった。

??

なぜ目的地は変わらないのに、経由地がころころ変わり、
さまよい歩くような列車になってしまったのか？

北上線を走る急行として誕生した「あけぼの」

「あけぼの」という列車が動き始めたのも昭和30年代のことである。1962（昭和37）年7月に、現在の北上線を経由して仙台と青森を結ぶ急行として運転が開始された。下り列車の仙台発13時50分、青森着21時56分。上り列車の青森発6時25分、仙台着14時30分というダイヤで運転され、使用車両はキハ28形、またはキハ58形による4両編成が使用された。運転経路といい、4両という編成といい、いかにもローカル急行の風情だが、実はこの「あけぼの」が東北支社管内で初めての急行列車であったといい、1961（昭和36）年から製造が始まったキハ58系気動車のいち早い投入にも、この列車が重視されていたことが解る。1963（昭和38）年4月からは奥羽本線経由で青森と秋田の間を走る急行「しらゆき」2両が併結されるようになり、その後編成両数も増やされて、順調な発展を思わせたが、1968（昭和43）年10月1日のダイヤ改正で、列車名が「きたかみ」に改められ、急行「あけぼの」は消滅してしまった。

こうして、目立った足跡を残すこともなく消えていったローカル急行という風情の「あけぼの」であったが、1970(昭和45)年に、上野から奥羽本線を経由して青森に向かうブルートレインが計画され、この列車に「あけぼの」が採用されることになった。車両は20系を新製して充当し、「あけぼの」用20系には車両の難燃化対策などの改良が加えられ、車両の安全性が高められている。長い期間にわたって増備が続けられた20系客車でも、マイナーチェンジは随時行われていた。

「あけぼの」用の20系は、当初の予定よりも早く落成したことから、これを利用して同年7月1日から臨時列車としての運転が開始され、この列車は上野〜秋田間の運転となった。臨時「あけぼの」の運転開始前日には、奥羽本線の最大の難所とされてきた「板谷峠越え」の赤岩〜板谷間の複線化が完成しており、「あけぼの」の運転開始に花を添えている。1970(昭和45)年といえば、大阪で万国博覧会が開催された年で、この時代は敗戦から立ち直り、ひたすら成長を続けてきた日本経済の、一つのピークとなったのである。運転を開始した臨時「あけぼの」は好評で、同年の10月1日からは定期列車に格上げされ、運転区間も青森まで延長されている。

20系3往復体制への移行もつかの間

定期列車となった「あけぼの」の運転ダイヤは、下りが上野発22時05分、青森着10時39分。上りが青森発18時05分、上野着6時50分というもので、上野から青森に向かうには東北本線経由の列車に比べて効率が悪いものの、庄内地方、あるいは秋田市方面に向かうには好適な列車となった。もとよりこの地域は、東北本線を経由しても、羽越本線を経由しても所要時間はほぼ同程度であったが、奥羽本線経由であれば、ダイレクトにアクセスできることになり、所要時間の短縮が可能になる地域は多い。そして長距離列車というものは、「おらが町の列車」という意識が利用者に抱かれることが多く、その意味でも「あけぼの」は地域性を反映させるのに好適な運転を行っていたことになる。

運転開始以来良好な乗車率を堅持していた「あけぼの」は、1973（昭和48）年10月ダイヤ改正から2往復体制となり、さらに1982（昭和57）年11月ダイヤ改正で3往復体制へと移行した。このダイヤ改正時には、上越新幹線が開業して大規模なダイヤ改正が行われているが、「あけぼの」の地位は不変であるかに見えたのがこの時期だった。

また、1980（昭和55）年10月からは使用車両が変更され、24系客車を用いての運転となった。「動くホテル」20系も、この時代になると設備の陳腐化が目立つようになり、車両の交替が行われたのである。特急列車での20系の使用は「あけぼの」が最後で、鉄道の趣味誌はこれを大きく報じたが、まだ今日のように多数のファンが駅に殺到して騒然とした雰囲気になるような事態にはならなかった。今日のイベント現場の騒ぎは、半分以上はSNSの存在によって起こされているのかもしれない。

利用者の支持を得て、3往復体制にまで成長した「あけぼの」であったが、全盛の時代は長くは続かなかった。1988（昭和63）年3月ダイヤ改正で「あけぼの」は1往復の削減が行われ、再び2往復体制へと逆戻りしたのである。「あけぼの」にも凋落の時代が訪れたのである。

山形新幹線の建設工事も逆風に

昭和50年代の国鉄寝台列車は、全国で著しい客離れに見舞われ、確かに幾つもの対策が行われた。個室の新設や、車体、内外のリニューアル、食堂車メニューの見直しなどがそれで、しかしそのどれもが、状況を改善させるには至らず、さまざまな試みは、あだ花となってしまった感があった。

結局は料金体系の見直しであるとか、サービスのスタイルを一から見直すというような、抜本的な対策には誰も手をつけることがなく、状況はどんどん悪化を辿っていったのである。鉄道事業者は総じて、維持をすることは得意としているが、変えてゆくことを苦手にする傾向がある。しかし、「寝台料金は、宿の素泊まり料金に準ずる」というような規約を後生大事と守り続けて、現代のサービス競争に勝利できるはずはなかった。

「あけぼの」にとって運が悪かったのは、山形新幹線の建設が決まり、奥羽本線の改軌工事がおよそ1年という長い期間を費やして行われたことによって、「あけぼの」の運行体系にも変化が生まれ、多くの利用者に見直しの機会を与えてしまったことだった。

山形新幹線の建設工事の開始に伴い、2往復体制だった「あけぼの」は、1往復が陸羽東線経由となり、1往復が上越線、羽越本線経由となって、こちらは「鳥海」へと愛称名を変えた。この時代には、さしもの「あけぼの」にも乗客の減少が目立つようになり、個室車の連結や、「ゴロンとシート」と名付けられた、いわゆるカーペット車の連結も行われたが、これも状況を打開するには至らなかった。そして「あけぼの」は、２０１４（平成26）年3月15日に廃止された。２０００年代以降、寝台列車の廃止が相次ぐ中で、「あけぼの」は遅い時期まで走り続け、廃止を目前に控えた時期には、指定券が発売直後に完売となり、多くのファンが「お別れ乗車」に殺到する風景が見られた。これも現代の鉄道ではすっかりお馴染みとなった情景だった。

●1970（昭和45）年7月1日、臨時特急「あけぼの」誕生時の編成

	1	2	3	4	5	7	8	9	10	11	12	13
カニ21（マニ20）	ナロネ21	ナハネ20	ナハネ20	ナハネ20	ナハネ20	ナハネ20	ナハネフ20	ナハネ20	ナハネ20	ナハネ20	ナハネ20	ナハネフ22

●1980（昭和55）年10月1日、特急「あけぼの」24系化時の編成

	1	2	3	4	5	6	7	8	9	10	11
カニ24	オロネ24	オロネ24	オハネ24	オハネ24	オハネ24	オハネ24	オハネ24	オハネ24	オハネ24	オハネ24	オハネフ24

*5・6号車はオハネフ24の場合もある。

やくも

運転開始：1959(昭和34)年9月22日

中国と結びつきの強い列車として運転開始以来今日まで、
山陰本線、伯備線を中心にして運転が続けられている優等列車。
陰陽連絡の速達化に貢献したが、近年は影が薄まりつつある。

??

**なぜスーパーらしくない特急がスーパーを名乗り、
いつの間にかスーパーでなくなっているのか？**

山陰地方西部を走る列車として産声をあげた「やくも」

列車名は出雲の枕詞「やくも立つ」に由来。これからも解るとおり、この列車は登場時から出雲地方と深く関わる存在となっていた。山陰地方との関りが深い列車には、「出雲」もあるが、この列車は当初は大阪発着の列車であったものが、後に東京発着に改められてからは、現在の「サンライズ出雲」も東京と山陰・出雲地方を結ぶ列車となっているのに対し、「やくも」は大阪発着、岡山発着の列車として運転され、夜行列車として運転される「出雲」を補完する役割も担わされてきた。しかし、伯備線電化によって、「やくも」は関西、山陽地方と山陰、出雲地方、さらには新幹線と接続して、東京圏への連絡も図る有力なチャンネルに成長している。

「やくも」の運転が開始されたのは昭和30年代中盤のこと。米子と博多を結ぶ準急としての運転開始で、使用車両はキハ25形、またはキハ26形を使用しての3両編成だった。まだ新製から日の浅いキハ20系気動車の投入が、それまでは蒸気機関車が引く列車ばかりが運転されていた沿線の人々に希望を与えたことは想像に難くない。編成は基本的に3両。米子から博多までを走れば8時間20分を要したという、ずいぶんとのんびりしたイメージのある準急ではあったが、これがこの当時の標準だったということになる。「やくも」は山陰本線の西部を走った初めての優等列車だったから、そのことも沿線に住まう人々を喜ばせたに違いない。

昭和30年代の「やくも」は、後年に編成の増強がなされて編成の一部に新開発のキハ58系が組み込まれるようになったものの、基本的な運転のスタイルが変わることはなく、米子と博多を結び続けた。

今日の目から見れば、キハ20系気動車を用いて運転される優等列車というのは、大幹線を走る特急、急行と比較するとずいぶん見劣りがしてしまうのは事実だったが、殊更にそれが利用者から非難されることもなかった。夏の多客期ともなれば、地方の路線では車両不足を補うために、通勤用車両として開発されたロングシート装備のキハ30系列までが急行に組み込まれたこともあり、それが昭和中期までの地方ローカル線の姿だった。あらゆる形式が連結されたデコボコの編成が、エンジン音高らかに、しかしスピードは遅く、夏休みの観光客を乗せて走っていたのである。

陰陽連絡の主役となった「やくも」

ローカル準急として運転を開始した「やくも」は、1965（昭和40）年に変身を遂げる。この年の11月1日から運転を開始した新大阪〜浜田間運転の気動車特急に「やくも」の名がつけられたのである。当初の運転開始は10月1日であったが、この列車に充当する東北地方で使用されたキハ82系の回着が遅れたことから、ひと月遅れでの運転開始となった。この列車に使用されたのはキハ82系を使用した7両編成で、同じ福知山線、山陰本線を走る特急「まつかぜ」を補完する役割を担ったが、大阪を午後に出発する列車であったことから城崎温泉などへの観光客輸送でも人気の列車となっている。

「やくも」の転進はなおも続き、山陽新幹線が岡山までの開業を果たした1972（昭和47）年3月15日から、「やくも」は伯備線を経由して、岡山と出雲市・益田を結ぶ特急となり、使用車両にはキハ181系が充当されている。それまで、伯備線は山陽地方と山陰地方を結ぶ陰陽連絡線として機能し、幾つものルートがある陰陽連絡線の中でも中心的な存在となってはいたが、線路規格は地方の亜幹線のレベルであり、運行される優等列車も京都と大社を結ぶ急行「おき」が随一の存在となり、他には急行「ちどり」「しんじ」などが走る程度で、特急の設定はなかった。

しかし、新幹線の延伸によって、この位置づけが変わったのである。それまでは亜幹線という位置づけだった伯備線は、陰陽連絡の中核としての機能が高められることになり、中国山地の脊梁を越える山岳路線であることから、「やくも」には大出力のキハ１８１系が充当されて列車の速達化が図られ、10両編成を使用して４往復の列車が設定された。伯備線は、それまでと比較すれば、驚くほどの

●1970（昭和45）年7月1日、臨時特急「あけぼの」誕生時の編成

	1	2	3	4	5	7	8	9	10	11	12	13
カニ21（マニ20）	ナロネ21	ナハネ20	ナハネ20	ナハネ20	ナハネ20	ナハネ20	ナハネフ20	ナハネ20	ナハネ20	ナハネ20	ナハネ20	ナハネフ22

●1980（昭和55）年10月1日、特急「あけぼの」24系化時の編成

	1	2	3	4	5	6	7	8	9	10	11
カニ24	オロネ24	オロネ24	オハネ24	オハネ24	オハネ24	オハネ24	オハネ24	オハネ24	オハネ24	オハネ24	オハネフ24

*5・6号車はオハネフ24の場合もある。

変貌を遂げることになったのである。

しかし、500馬力エンジンを搭載したキハ181系を用いても、望まれる速度向上は達成できなかったこともあって、伯備線で直流電化の工事が始められる。この時代の国鉄の輸送近代化は、驚くべきスピードで遂行されていた。そのこともあって全国に「SLブーム」などが起こることになるわけだが、ブームを加熱させたのは、これら輸送近代化の旗手たちだったのである。

電車化で速度向上を果たした「やくも」

気動車特急「やくも」は3時間半あまりで岡山と出雲市を結んだが、列車の足取りは軽やかなものではなく、そこに気動車の限界があった。そして伯備線は1982(昭和57)年7月1日に電化される。

電化後もこの路線で運転される特急の名前に「やくも」が継承されたが、使用車両は振り子式システムを搭載した381系となって大幅なスピードアップが図られた。そして電車特急「やくも」は、岡山～出雲市間を3時間20分で走り、電化の効用をまざまざと見せつけたのである。その一方で、電車化された「やくも」

が折につけ編成を短くしているのが現状で、これをサービスの低下とみる向きもあるが、これは現代という時代が反映されたものといえそうだ。

１９９４（平成６）年12月３日には速達タイプの列車として「スーパーやくも」の運転が開始されたが、これは後に「やくも」という愛称名で統一されている。編成は４両と短く、４往復の列車には下り寄り先頭に「パノラマグリーン車」クロ３８０形が連結され、伯備線沿線に広がる山岳風景を車窓で楽しめる演出がなされている。愛称名に「スーパー」がつけられたり、取られたり、このあたりのJRの右往左往ぶりは、なかなか興味深いが、それが臨機応変というものなのかもしれない。

現在は、今や貴重な存在となった国鉄形車両である３８１系の注目度が高まっており、JR西日本も３８１系の代替を果たす２７３系を新製し、２０２４年春から営業運転を開始する予定とアナウンスしている。その時が近づくにつれ、「やくも」用３８１系の下に駆けつけるファンの数が増えてゆくことだろう。２７３系の投入によって「やくも」のストーリーは、新しいページを加えることになる。

能登

運転開始：1959（昭和34）年9月22日

上野と金沢を結んだ伝統ある夜行急行。
元々は客車急行として運転されたが、
後に電車を使用しての運転に変わり、
「ボンネット形」電車の急行として人気を博した。

??

**なぜ乗り切れないほど多くの乗客が殺到する列車が、
あえなく廃止に追い込まれてしまったのか？**

東海道経由で北陸に向かった夜行列車

「能登」を名乗る列車の運転が開始されたのは1959（昭和34）年9月のことで、東京と金沢を結ぶ夜行の客車急行として運転が始められた。運転区間は東京〜金沢間。上野発着とならなかったのは、この列車が米原を経由して金沢に向かったからで、これは福井県内で利用される列車であることを運転目的の一つに掲げたためであった。

登場時の下り「能登」の運転ダイヤは、東京発20時30分、福井着7時16分、金沢着8時44分というもので、通勤利用にうってつけの時間帯を走る。もちろん、首都圏から福井、金沢に向かうにも好適な列車であったが、初期の「能登」は、東京〜鳥羽間運転の急行「伊勢」、東京〜新宮間運転の急行「那智」が併結された、いわゆる「3階建て列車」として運転されており、実に多彩な性格を有した列車だったのである。

複数の目的地に向かう列車を、出発地点では一本にまとめ、途中駅で分割（帰路は併合）を行う運転方式は世界各国の鉄道でも採用されているが、「多層階建て」

列車とも呼ばれるこの運転方式には、ダイヤ、駅施設、要員などに余裕を持たせる効用があり、乗客にとっても業務の集約化によって可能になる高いサービスを受けられるというメリットがある。一方でもっとも問題となるのが、帰路においてダイヤに乱れが生じると、予定される列車の併合が不可能になることで、これは乗客にとっても、鉄道会社の側にとっても大きなストレスとなる可能性がある。それでも昭和の中期まで、国鉄はこの方式を各地で採用し、一定の効果を上げてきた。そこには運転時間の樹種を当たり前のようにこなしてみせる高いスキルを、乗務員の誰もが持っていると信じ

●1961（昭和36）年10月1日、急行「能登」登場時の編成

1	2	3	4	5	6	7
マロネフ38	スロ53	ナハネ10	ナハネ10	スハ43	スハ43	スハフ42

*東京～名古屋間で急行「伊勢」（東京～鳥羽）、急行「那智」（東京～新宮）を併結。

●1975（昭和50）年3月10日、急行「能登」再登場時の編成

	1	2	3	4	5	6	7	8	9	10	11	12
スニ41	オロネ10	オハネフ12	スハネ16	スハネ16	スハネ16	スハネ16	スロ62	オハ47	オハ47	オハ47	オハ47	スハフ42

●1993（平成5）年3月18日、急行「能登」電車化時の編成

1	2	3	4	5	6	7	8	9
クハ489-500	モハ488	モハ489	サロ489	モハ488	モハ489	モハ488	モハ489	クハ151

て疑わない、国鉄のプライドが見え隠れする。

3階建てでの運転に不都合が報告されることはなかった「能登」「伊勢」「那智」であったが、東海道新幹線が開業すると、さすがに並行する路線を走ることは輸送効率の面で不利と見なされたことから、「能登」は、上越線経由の急行「北陸」の設置と引き換えに廃止される。それは1968（昭和43）年10月のダイヤ改正においてであった。

上越線経由の夜行列車として復活

こうして姿を消した「能登」であったが、それから6年半ほど後のこととなる1975（昭和50）年3月10日から、「能登」は上越線経由、上野～金沢間運転の夜行急行として運転を開始する。これは、それまで2往復が設定されていた夜行急行「北陸」のうち1往復が特急に格上げされたことに伴うもので、片割れの旧「北陸」を列車の愛称名を変えて存続させるための措置であった。

この時の使用車両は10系寝台車と、オハ47形などの旧形客車によって組成された編成であった。10系客車は昭和30年代初頭から製作されたグループであったが、この時点ではまだ多くの車両が現役で使われつづけていて、20系客車と旧形客車の中間にあたるグレードの設備を備えた客車として何かと便利な車両となっていた。このグループの真価とされる軽量な車体は、多客時の増結を可能にし、線路施設や、もちろん牽引する機関車への負担軽減という見地からも好ましいものとされていたのである。

１９８２（昭和57）年11月15日に上越新幹線が開業すると、「能登」は並行する路線との競合を避ける形で、運転経路を上越線経由から信越本線に改めたが、１９９７（平成９）年に北陸新幹線（長野行新幹線）が長野まで開業すると、信越本線横川～軽井沢間が廃止になったことから、運転経路が再び上越線経由に戻されるという一コマもあった。並行在来線を走る優等列車が、新幹線の運転方式の変更に伴って、運転方式の変更を余儀なくされるスタイルは、東海道新幹線の開業以降何度も繰り返されてきた図式だが、ここでもまた同じルーチンが展開されたことになった。

運転開始からそれまで、客車を使用して運転されてきた「能登」が、使用車両を電車に改めたのは１９９３（平成５）年３月のことで、同月18日からは、使用車両が４８９系に改められている。その姿は往年の１８１系を彷彿させるものとして、ファンに注目された。

誰のために夜行列車の運転が続けられたのか

電車化後の「能登」は、西側のターミナルが金沢から福井に変更され、それがまた金沢に戻されるなど、細かな変更が続けられていたが、肝心の利用客は減り続けていた。夜行列車という運転方式が、快適性を優先して旅をしたいと考える利用者のニーズから乖離していた。そんな時代にも、何よりも経済性を重視して交通機関を選ぶ層は一定数いたわけだが、彼らが選んだのは夜行バスであり、料金が割高になる夜行列車が選ばれることはなかった。

しかし、考えてみるならば、廉価な夜行バスは輸送単位が小さく、これを運行する事業者にとっては、大きな収益を産出するのは難しいはずである。けれども夜行バスを運行する事業者は増え続けていた。それと比較すれば鉄道は、こと乗務員についていうのであれば、数名で千人単位の乗客を運ぶことができるのだが、実際には赤字を生み続けていた。

これは結局は事業の構造の違いに行き着く問題で、鉄道は並行する道路が出来上がった時点で赤字に転落するという考え方も成立する。自動車を用いた事業は、国や自治体が管理する道路を使用して運行を行うが、鉄道はそのためのインフラを自前で整備し、維持しなければならないからである。もちろん、ただそれが指摘されたところで問題は解決しない。構造を見直す抜本的な対策が必要とされた。しかし、着手されることはなかった。

始発駅を発車するのが深夜帯になる夜行列車は、ビジネスマンの帰宅の足となることも多く、事実「能登」でもそのような利用者が少なからずいた。ところがJRは晩年の「能登」の発車時間を1時間早めてみせた。当然、利用者数は減る。その結果として「能登」は事業者にとって、廃止しやすい列車となったのだった。

列車の運転ダイヤは、さまざまな条件に勘案して、いわば消去法の形で決定されるが、「能登」のこの運転時刻の変更が、廃止しやすさを求めてのものであったとしたら、その選択は利用者の思いに背いたものとなる。それは自らのスキルを駆使して「多層階列車」を運転し続けた往年の鉄道マンの心意気とは、真逆のもののように見受けられた。

北斗星

運転開始：1988(昭和63)年3月13日

青函トンネル開業と同時に運転を開始した、
上野と札幌を結ぶ寝台特急。
豪華な客室設備、コース料理を提供する食堂車がセールスポイント
だったが、最後は尻すぼみの形になった。

なぜロートルな車両の再利用だった列車が、プラチナチケットの列車になったのか？

青函トンネルを走り抜ける豪華寝台特急

上野と札幌を結ぶ寝台特急「北斗星」は、１９８８（昭和63）年３月13日の青函トンネル開業の日から運転を開始した。全長53・85キロ、海底トンネルとして世界でもっとも長いこのトンネルは、古く大正時代には建設計画が立案され、戦後になって本格的な調査が開始された後、１９６１（昭和36）年３月に建設工事が開始された。それはまだ「さん・ろく・とお」ダイヤ改正の前、すなわち東海道新幹線はもちろん、全国の特急運転網も完成する前のことで、歴史を振り返ってみると、世界最長の海底トンネルを掘削するというプロジェクトが、いかに長い時間を費やした、壮大なプロジェクトであったことが理解できる。

工事があまりにも難航したことから、完成後のトンネルをどのように利用するかについても議論が百出したこともあった。この時には、「廃棄するのが、結局はいちばん得」という一種の暴論までが挙がりはしたが、結局は、まず在来線を走らせるという形で決着をみた。そしてトンネルを経由して本州と北海道を結ぶ列車が多数設定され、その中でも「女王」とでも形容したくなる位置づけがなされたのが「北斗星」だった。上野から列車に乗って、そのまま北海道まで行く。そんな素敵な旅が、「北斗星」に乗れば実現できるのだった。

「北斗星」に使用されたのは24系客車であったが、「北斗星」用の専用車両には、さまざまな改造が加えられて、列車のプライオリティが高められた。1人用A個室「ロイヤル」、2人用A個室「ツインデラックス」、1人用B個室「ソロ」、2人用B個室「デュエット」。これらの設備は、日本の在来の車両にはないものだった。確かに特急「あさかぜ」には1人用A個室「ルーメット」が備えられていたが、それは必要最低限の設備をコン

●1988年3月13日、「北斗星」登場時の編成

	1	2	3	4	5	6	7	8	9	10
カニ24	オハネフ 25	オハネ 25	オロハネ 25-550	オロネ 25-500	スハネ 25-500	スシ 24-500	オハネフ 25	オハネ 25	オハネ 25	オハネフ 25

＊北斗星1・2号（JR東日本が担当）の編成。

	1	2	3	4	5	6	7	8	9	10
カニ24	オハネフ 25	オハネ 25	オハネ 25	オハネ 25	オハネ 24	オハネフ 25	オハネ 25	オハネ 25え	オハネ 25	オハネフ 25

＊北斗星3・4号（JR東日本とJR北海道が1本ずつ担当）の編成

	1	2	3	4	5	6	7	8	9	10
カニ24	オハネフ 25	オハネ 25	オロネ 25-500	オロハネ 25-500	オハ 25-500	スシ 24-500	オハネ 25	オハネフ 25	オハネ 25	オハネフ 25

＊北斗星5・6号（JR北海道が担当）の編成

パクトにまとめたものだった。しかし、「ロイヤル」には、ビジネスホテルの部屋に匹敵する居住性が備わっていた。そして「グランシャリオ」と命名された食堂車では、予約制によってフランス料理のコースが提供された。当時のコース料理の価格は7000円で、これはリーズナブルとは言い難いものであったが、食前酒から始まるコースは、その料金に十分に見合うものとされた。「北斗星」は、運転開始以来長い間、指定券の入手が困難な状態が続いたのである。

北海道の「遠さ」を再認識させてくれた「北斗星」

「北斗星」が登場した時代には、いわゆる「北海道旅行」（北海道に住まう人にとっては立場が逆になるが）には、飛行機を利用するのが当然のこととなっていた。青函トンネルが開業する前の時点で、東北新幹線は上野〜盛岡間を開業させていたが、この高速鉄道を使っての北海道旅行が提言される機会は少なかった。この時代の東京発、東北・北海道方面の乗り継ぎを見直してみると、東京を朝に出発すれば、盛岡着が11時前後。そこからフィーダー特急の「はつかり」に乗って、青森着が14時頃。そして青函連絡船に乗り継いで、函館着が19時前後ということになり、この行程は何とも中途半端である。それであれば、まだ、当時健在だった青森行き寝台特急を利用した方が効率が良く、それよりも飛行機の方がずっと良い。それに東北新幹線の列車は、北海道旅行ための乗り物としては、いかにも魅力に欠けた存在だった。高速運転を身上としながら、東海道・山陽新幹線のようなスタイリッシュな雰囲気はなく、乗り継ぎの選択肢も少ない。なるほど、これであれば、北海道旅行のツールが、飛行機に移行することに無理はなかった。

そのような風潮を、「北斗星」は覆したのである。南北に長い東北本線を夜を利用して移動するのは効率が良く、連絡船乗り継ぎのために睡眠を中断させられることもない。なるほど、列車利用では移動に時間がかかるが、この時間をどのように解釈するかは人次第である。昭和中期に流行った「遠くに行きたい」という言葉は、何もアラスカや、南米を旅の対象に掲げていたのではなく、四国の山中や、南九州などを指し、それよりも不動の全国区人気を誇っていたのが北海道だった。目的地に到達するのに時間がかかるからこそ、それは「遠く」になるのであって、距離感があるということが、旅の目的地の大切な要素になることはいうまでもない。「北斗星」が移動に必要とする時間は、北海道が遠くにあることを再認識させてくれる、旅の助走路になったのである。そしてもちろん、豪華な設備、贅沢な食事が用意されていたからこそ(たとえ、その時の旅行で、利用客がそれを選択しなかったとしても)、「北斗星」は、北海道へ向かう旅の、魅力的な選択肢となったのである。

北海道新幹線の開業と共に廃止となる

当初「北斗星」は、臨時列車1往復を含む3往復体制で運転を開始したが、これでも利用客をさばききることができず、1989(平成元)年7月1日からは、「北斗星」の救済列車的な色合いの濃い特急「エルム」が、「北斗星」と同じ上野~札幌間で運転を開始した。

「エルム」は車両は「北斗星」と同じ24系客車が使用されたが、食堂車の連結もないモノクラス編成の列車で、「北斗星」との格差はずいぶんと大きいように見受けられた。それでも、この列車に乗れば、青函トンネルを潜り、列車で北海道に旅することができたのである。また、在来の24系客車の最後尾に24系の試作車として3両のみが製作された「夢空間」が連結され「夢空間トマムスキー」、「夢空間北斗星」などの名で臨時運転されたのもこの時代だった。この列車は、定員数が少ない「夢空間」の指定券を入手できなければ、通常のオープンタイプの寝台車利用となる列車だったが、つまり「北斗星」という列車名に、それだけの神通力が備わっていたということなのだろう。

そんな「北斗星バブル」も、やがて終焉の時を迎える。登場時は3往復体制で、その後に「エルム」という救済列車まで登場した「北斗星」であったが、結局は利用客はまた飛行機へと戻って減便が行われ、2008（平成20）年3月15日には、1往復のみの運転となってしまった。そして、2015（平成27）年3月14日をもって「北斗星」は廃止となった。これは北海道新幹線の開業に伴う措置であったが、「北斗星」の利用客に陰りが見えた時に、新たな魅力作りに取り組んでいれば、この列車のその後の運命も変わったものになっていたのかもしれない。しかし、そのような方策が採られることはなかった。

使用車両は、実は中古車両の寄せ集めであった「北斗星」。それでも人気を博したこの列車も、新幹線の延伸と共に消えた。その存在意義は何だったのだろう。

トワイライト エクスプレス

運転開始：1989(平成元)年7月21日

「北斗星」に続く形で登場した豪華寝台特急。
大阪と札幌を結び、豪華な設備と、
関西人が主体となった乗客のテンションの高さは、
「北斗星」を凌駕するものだった。

??

**なぜ鉄道好きでもない人たちをも魅了する列車が、
こうもあっさりと廃止されてしまうのか？**

日本海に沈む夕陽を眺めることができる列車として

寝台特急「トワイライトエクスプレス」が運転を開始したのは1989（平成元）年7月のこと。当初はツアー切符による団体専用列車としての運転で、この列車の豪華さを知り乗車したいと考えた一般の利用者がフラストレーションを起こすような状況が続いたが、同年12月からは臨時列車の扱いとなって、誰もがチケットを簡単に入手できるようになった。

列車名は、この列車から日本海に沈む夕陽を眺めることができるということを思わせるもので、そのために4号車に連結されたサロンカー「サロン・デュノール」のソファーシートは横向き2列で海の側に向かって並べられ、この車両では眺望を確保するべく、天井に至る大窓が採用されているとアナウンスされた。この時代には伊豆急行2100系「リゾート21」などが、海に向かってソファーシートを並べるという意匠を採用していたが、「サロン・デュノール」では室内に2列で並んだ横向きソファーの、後ろの列をやや高い位置に設置するなどの凝った演出がなされており、一層の贅沢感が伝えられてきたのである。

どんな小さなものでも良い。列車に何か乗客を楽しませる趣向が盛り込まれると、それは利用客の想像力を掻き立て、鉄道旅行への期待感が高まるものである。例えば、151系特急「こだま」のビュフェに取り付けられたスピードメーター。大したものではない。けれども、自分が実際にそこに立って、最新鋭の車両のスピードを確認することができたならどんなに楽しいだろうか、と考える。その過程、非日常感への憧れが、鉄道旅行の楽しさを倍加させるのである。座り心地の良いイスが並ぶだけでは、それは毎日通っているオフィスと何も変わりがない。けれども、そこに温かい飲み物が運ばれてくれれば、それは毎日の生活の中では決して味わうことができない、くつろぎのひと時となるのである。それを創出することは、間違いなく鉄道事業者にとっての責務であるはずだ。

さて、実際にこの列車が海辺を走る時に、ちょうど水平線に陽が沈むのを眺めることができるは、ゴールデンウィークの次の週、あるいはお盆の次の週などのごく短い期間であり、それも曇天の日には夕陽を眺めることなどできない。つまり、乗客のほとんどが最高の風景に出会うことはできなかったということにはなるのだが、だからといって、それがクレームになるというわけではない。それが旅の楽しみ、夢というものだろう。数々の演出がなされていた「トワイライトエクスプレス」は、この時代にはそろそろ多くの人が忘れかけていた鉄道旅行の楽しさを、鮮やかに思い出させてくれる列車だったのである。

乗客が自らが、華やかな雰囲気を創り出した

下り「トワイライトエクスプレス」は、お昼の12時に大阪駅を発車する。この列車で大阪から札幌まで行くのであれば、所要時間はおよそ24時間。長い道のりである。まだ陽は高い。すぐに寝てしまうわけにも行かないが、そもそも飛行機で行けば1時間半で着けるところに、わざわざ鉄道で24時間かけて行こうと考えている人だけがこの列車に乗るのだから、何も問題が起こることはない。列車が琵琶湖畔を走る頃には、早くも乗車記念のグッズの車内販売が始まり、多くのお客さんがワゴンに殺到するという塩梅で、つまりこの列車は、今日でいうところの「クルージングトレイン」の要素を、非常に濃く、兼ね備えていたのである。

そんな車内の明るい雰囲気は、人懐っこい関西人の気質が醸し出したものでもあったようだ。「トワイライトエクスプレス」の次には、さらに豪華な設備を備え

た列車として「カシオペア」が登場することになるが、こと車内の雰囲気については、「トワイライトエクスプレス」に遠く及ばなかった。「カシオペア」では、客室がすべてA個室で構成されていたが、乗客はそれぞれの部屋に入り、もちろん、扉を閉めてしまう。そして無人となった通路を、車内販売を務めるアテンダントだけが通り過ぎるという風景には、いささかの違和感があったことも事実だった。

「トワイライトエクスプレス」には、「カシオペア」ほどの豪華さが備えられていたわけではない。この列車も車両は在来の車両を改造した「中古」のものであったし、寝台も、いわゆるオープンタイプのものが主力で、個室を利用できるのは指定券をゲットし、一昼夜の旅にそれなりの予算を振り向けることができる幸運な人のみであった。もちろん、食堂車でコース料理を楽しもうと考えるなら、これにも予算が必要となる。すべての乗客が、今日の「クルージングトレイン」のような贅沢三昧を味わえるというわけではなかった。

けれども、この列車には選択肢が用意されていた。予算をかけずに食堂車で食事をしたいと考えるのであれば、下り列車に乗って、ランチタイムに食堂車に向かえば良い。そこには予約なしで利用できるリーズナブルなランチセットが用意されていた。「トワイライトエクスプレス」のランチは、在来線で長距離を走る定期列車最後の食堂車の食事となっていたのである。

青函トンネルの開通に合わせて消えた列車

「北斗星」よりも後に登場しながら、さまざまな面で「北斗星」を凌駕してみせた「トワイライトエクスプレス」は、紛れもなく、この時代の最高水準の鉄道旅行が楽しめる列車となっていたが、「カシオペア」が登場すると、マスコミの目が、設備の豪華な新しい列車を、自らの冷静な判断なくただ賞賛してみせたのは、いささか不幸な出来事でもあった。もっとも、マスコミというものは、元来がそういうものなのだろう。殊に近年の姿勢には「木鐸」という言葉よりも、「走狗」という言葉が似合いそうである。

1時間半で行ける道を24時間かけて走るという贅沢な旅を提供した「トワイライトエクスプレス」は、２０１６(平成28)年3月21日の運転をもって姿を消した。それは北海道新幹線の開通に拠るものとアナウンスされ、新幹線が開通した後に在来線を走る特急が廃れてゆく姿を目の当たりにした人々を納得させる説明とはなっていたが、その後に「カシオペア」の車両を使用した臨時列車が青函トンネルを潜って北海道に走っているのだから、それでは「トワイライトエクスプレス」の廃止は何が理由であったのか?と いう疑問が頭をもたげる。

誰もが乗れる豪華な列車はいつの時代にも用意されていて然るべきである。何十万円もの予算をかけることはできないが、ゆったりとした鉄道旅行を楽しみたいと考える人は、今でも大勢いるはずなのだから。

●1989年7月21日、「トワイライトエクスプレス」登場時の編成

1	2	3	4	5	6	7	8	
スロネフ25-500	スシ24	オハ25-550	オハネ25-520	オハネ25-520	オハネ25-510	オハネ25-560	オハネフ25-500	カニ24

●1990年7月20日、「トワイライトエクスプレス」にスロネ25が加わったときの編成

1	2	3	4	5	6	7	8	9	
スロネフ25-500	スロネ25-500	スシ24	オハ25-550	オハネ25-520	オハネ25-520	オハネ25-510	オハネ25-560	オハネフ25-500	カニ24

あとがき

　これはもう、ずいぶん昔のこと。上野から乗車した青森行きの寝台列車の向かい合わせのベッドに、これから三沢基地に行くのだというアメリカＮＡＶＹのパイロット氏がいた。

「この列車のシャワーはどこにある?」と彼が聞いてきたので、「そんなものはない。日本の寝台車は狭くて、チープなんだ」と答えた。アメリカの大陸横断鉄道であれば、オール2階建て編成の1階にシャワー室があるのだが、日本では寝台車へのシャワーの取り付けは、豪華さの演出のみのためにあるように見える。

「ＮＡＶＹのパイロットなら、Ｆ14を操縦したことはあるの?」と聞き返したら、「そんな経験はないよ」と、彼の返事。やはり最新鋭の戦闘機に乗れるのは、ごく限られた者のみであるようだ。

　そんな短い、けれどもちょっとした会話を、初対面の人とできるのが鉄道旅行の楽しみの一つで、乗用車や飛行機の旅では、こうは行かない。

狭い空間で同席を強いられ、一緒に長い時間を過ごさなければならない鉄道での旅では、会話は退屈をしのぐための大切な道具であり、たしなみでもあるのだ。有名な格言に、「サッカーは子供を大人に、大人を紳士にするスポーツだ」というものがあるが、これはそのまま鉄道旅行にもあてはまる言葉なのかもしれない。

そんな鉄道の旅が、いま、大きく変わり続けている。拠点間を最速で移動することだけを価値と捉え、不要と思われるものを次々にそぎ落としているのが現代の日本の鉄道だが、それが本当に最善策であるのか？　本書は、そんな疑問を抱きながら執筆した。疑問への答えが出るのは、まだ遠い先のことにはなるのだろうが。

本書の執筆に際しては、イカロス出版編集部の佐藤信博氏から、実にさまざまなアドバイスを頂いた。最後になったが、ここで御礼申し上げる。

2023年3月　池口英司

著者紹介

1956年（昭和31年）、東京都生まれ。日本大学芸術学部卒業。鉄道雑誌の編集者を経て独立。鉄道や鉄道模型、旅行関連など、幅広い分野で活躍を続けるフリーランスのライター・カメラマン。『残念な鉄道車両たち』『もっと残念な車両たち』『さらに残念な車両たち』（いずれも弊社刊）、『鉄道趣味人の世界』（交通新聞社）など多くの鉄道関連の著作がある。

2023年4月10日　初版第1刷発行

著者　池口英司
写真協力　寺本光照、林淳一、太田和利、桐山朋水
発行人　山手章弘
発行所　イカロス出版株式会社
東京都千代田区神田神保町1-105
Tel.03-6837-4661（出版営業部）
装丁・デザイン　高橋恵美
印刷所　図書印刷株式会社